美國頂尖名校女性重返職場的特權與矛盾

菁英媽媽想上班

WHAT REALLY HAPPENS WHEN MOTHERS GO BACK TO WORK

PAMELA STONE / MEG LOVEJOY
帕梅拉・史東
梅格・拉芙蕎 —— 著

許雅淑・李宗義 —— 譯

別想著讓女性適合這個世界，而是要讓世界適合女性。

——葛洛麗雅・斯坦納姆（Gloria Steinem）

獻給露絲・希戴爾（Ruth Sidel），以此紀念她的真誠、聰穎、睿智與正直，以及她溫文儒雅的指導，讓許多女性的職涯更上一層樓，包括我自己。

——帕梅拉・史東（Pamela Stone）

獻給我的母親，她堅定不移、熱情洋溢，既是先驅，也是典範。

——梅格・拉芙喬（Meg Lovejoy）

目錄

各界讚譽 011

譯序 015

謝詞 023

導論 029

注意空白／履歷的空白與研究的空白／回到未來／為什麼重要？／領導階層的差距

崎嶇的同工同酬之路／修正媒體敘事／研究概述／先看看研究發現／特權者的矛盾

問題與答案

第一章　前程似錦 057

個案／摘下天上的星星／女性辭職的真正原因？／母職障礙／選擇的落差／證據說話

展望未來／凋零的夢？

第二章　家務特權的警笛聲　081

走向家務特權／為了這個家好／發現家務特權之樂／特權的誘惑？

第三章　家庭優先：慢慢回歸職場　109

一次只用單腳跳／保持熟悉／擁抱零工經濟／「職場很煩！」

隱藏的通道／變動的時間／唯有家庭優先／下一步？

第四章　職業生涯重啟：內心的召喚　127

找到回歸職場的方式／（再次）選擇重返職場／像鴨子划水／對的時機／「再拚一次」

薪水是重點／重啟迢迢路／再一次重新「來過」

第五章　追尋與再造　145

重啟的輕鬆與混亂／重新進入職場的策略／被迫選擇還是特權選擇？

第六章　整體圖像　181

生命軌跡的再分隔及女性化／外在回報／零工經濟

工作滿意度／好的和不那麼好的／記住巢穴／揮之不去的憂慮

如果？選擇退出職場的差距和領導力的喪失／幸福的結局？

第七章　特權的矛盾與展望未來　209

回顧過去，展望未來／似曾相識／新見解／特權的矛盾／被迫選擇還是有特權的選擇？

重啟計畫／選擇退出、選擇重返與性別不平等／超越特權的矛盾

創造對家庭友善的工作場所／終結職業內部和職業之間的性別歧視

鼓勵男性共同養育子女／體制變革／我也是？

附錄　研究方法　249

注釋　269

參考文獻　283

各界讚譽

生動剖析職業婦女為了母職而使得職涯中斷的過程與結果。

——《性別與社會》（*Gender and Society*）

充滿著豐富的細節與鉅細靡遺的分析，清楚說明接受訪問的特權女性在社會階級上的變化。

——《美國社會學刊》（*American Journal of Sociology*）

在這個快速變動的職場需要這些最傑出也最聰明的人才之際，史東與拉芙蕎分析美國最重要的資源之一——聰明、才華洋溢卻選擇辭職回家帶小孩的女性——在重返職場以及克服工作與生活平衡之間所要面對的事。

——Judy Woodruff，美國公共電視台新聞時刻（PBS NewsHour）主播

我們迫切需要此書。史東與拉芙蕎詳細調查了一群女性的生活，她們應該跟男同事領一樣的高薪、領導一樣的公司及律師事務所，但她們卻沒有。書中呈現的是女性管漏現象發生的地點與方式，同時點出特權強化現有權力結構的矛盾。

——Anne-Marie Slaughter，新美國（New America）執行長

探討關鍵主題的重要作品。根據前一本討論高成就女性離開職場影響深遠的研究，史東和拉芙蕎追蹤這些決定十年後的結果。本書透過這些女性的故事，帶來引人關注且迷人的敘事，刻畫女性如何再造職涯、面對挑戰，還有需要什麼政策改革來展現她們的才華。

——Deborah L. Rhode，史丹佛大學法律系講座教授及社會創新計畫主持人

菁英媽媽辭職回家照顧小孩之後要如何重返職場？這本精彩具可讀性的作品，做了一場罕見的追蹤研究。這些女性的經驗顯示，缺乏彈性的工作場所讓女性必須透過再造來重返職場。《菁英媽媽想上班》針對現今性別權力做了一場發人深省且迷人的分析。

——Annette Lareau，《不平等的童年》（*Unequal Childhoods*）作者

史東和拉芙蕎又完成一本佳作，前一本作品增加我們對許多人所理解的女性選擇，她們選擇離開

薪水優渥的工作去照顧家庭，而在這本書，她們再造之後返回職場，但往往轉換跑道從事壓力較低的工作。《菁英媽媽想上班》不賣弄專業術語，可讀性高，呈現女性的選擇遠非自由選擇，而是受到長工時、高階工作缺乏彈性所限。作者告訴我們在二十一世紀初，父權體制和資本主義如何在上層社會運行，以及我們可以做什麼來為每個人帶來真正的改變。

——Hiedi Hartmann，女性政策研究院（Institute for Women's Policy Research）院長兼執行長

本書展示一群菁英女性的個人決定，如何在我們的社會世界中引發迴響，並對那些同樣享有特權以及那些缺乏優勢的人產生影響。全書文字優美，架構也無懈可擊。

——Margaret K. Nelson，《隨機家庭》（*Random Families*）作者

詳實記錄職業婦女與家庭責任搏鬥時面臨的兩難困境。這本書充滿著同情心和敏銳性，凡是想瞭解美國缺乏家庭政策造成個人及公共損失，甚至是對於優勢人群造成的損失，絕對不可錯過本書。

——Sharon Sassler，《同居國度》（*Cohabitation Nation*）作者

譯序

要不要回去上班？菁英媽媽重返職場的成功與失落

許雅淑（本書譯者）

「上班或不上班，這是一個問題？」

前幾年，在政壇表現一直很傑出亮眼的文化部長鄭麗君，突然發表聲明宣布不續任，理由是希望能在孩子上小學前專心陪伴他一段時間，以盡為人父母的責任。談起為人母的心境，她感慨地說：「身為母親，眼看孩子一天天長大，心裡的掙扎與日俱增，對於自己無法送他上下課，沒能幫他做晚餐，沒能在他成長關鍵期多陪伴，心裡總是感到遺憾。」

相信這不只是她的遺憾，也是很多職業婦女的心聲。職場和家庭常常讓女性進退兩難，選擇投入職場可能會錯失小孩成長的時光；選擇回到家庭照顧下一代，似乎就要犧牲自己在職場功成名就的機會。上班或不上班，成為當代菁英媽媽的兩難。

這是職業婦女普遍都會遭遇的課題，面對家庭和工作的撕裂，我們都像莎翁筆下的哈姆雷特一樣躊躇不前、搖擺不定。每一個選擇都是犧牲，每一步的去留都是遺憾。母親們的生命軌跡不能只用社會統計的數據來衡量，她們的犧牲也不能只用傳統性別分工一筆勾銷，我們要知道這些女性的每一個決定，絕對不只影響自己的生命，還攸關著一個個家庭的完整和我們下一代的人生。我們不能把這麼殘酷兩難的困境丟給這些女性各自獨力去承擔。這是作者寫作這本書的初衷，也是吸引我們介紹此書到中文世界的主要理由。

從離開職場到重返職場

本書是兩位社會學家對於菁英女性的追蹤研究，她們訪談十年前離開職場的菁英媽媽，在這十年間過得如何？她們的家庭幸福美滿嗎？放棄工作返家相夫教子的日子，真的是她們心之所向嗎？還有最重要的，當初毅然放棄大好前途，如今回頭來看是否值得？是否有過後悔？這一段心路歷程，策略上的迂迴轉折，最終呈現的是一幅什麼樣的整體圖像？

這場橫跨十年的追尋，必須從作者的第一本書談起。作者於二〇〇七年出版的《菁英媽媽想辭職？婦女辭職返回家庭的真正原因》（*Opting Out? Why Women Really Quit Careers and Head Home*），探討了菁英階級的女性為何「選擇」離開職場返回家庭？記者麗莎．貝爾金（Lisa Belkin）在二十一世紀初期，針對菁英婦女「選擇離開職場的浪潮」（opt-out revolution），做了一篇報導，當時研究指出，從頂尖名校畢業的女性選擇退出職場的比例高於一般學校畢業的女性，但令人不解的是，這群女性的優秀條件理應更有利於在職場大放異彩，為何她們選擇放棄職涯，這背後有什麼難以道出的苦衷嗎？貝爾金認為此現象反映的是新傳統主義的興起，女性是因為偏好而不是出於無奈而選擇回歸家庭。這種說法也進一步影響了大眾媒體的論點，但本書作者認為這個女性自主選擇的神話，其實經不起實證研究的檢驗，許多女性實則「被迫」而非自主選擇辭職回家（總不可能是先生辭職吧!?）。

作者提出女性菁英之所以會選擇離開職場，是因為菁英職業的職場結構強度和生態環境都不利於女性發展，高工時的職場文化以及同為菁英階級的丈夫基本上並不能分擔家務；這兩個因素加起來產生了高強度壓力的兩端束縛，使得女性無法兼顧工作和養育子女。退出職場、返回家庭於是成了菁英女性解決工作與家庭衝突的方式。

《菁英媽媽想上班》（*Opting Back In: What Really Happens When Mothers Go Back to Work*）延續第一本書的議題，作者找回第一本書的研究對象，隨著同一群女性的生命發展軌跡，走過她們三十、四十到五十年華，看她們經歷職場高峰、成家生子到重返職場。作者藉由漫長的觀察與研究，瞭解這些女性選擇離開職場以及如何重新返回職場的真實樣貌。

作者發現，幾乎所有受訪女性都想要回到職場，這些動力也證明了第一本書的論點，這些菁英媽媽並非因為個人偏好或傳統家庭價值的興起而選擇退出職場，一旦卸下家庭照顧的壓力，她們還是想要去上班。

然而，她們也發現這些女性並沒有後悔離開職場，大部分人都覺得自己離職後過著幸福快樂的日子，因為她們得以陪伴孩子成長，得以參與孩子學校與生活的大小事。可是當孩子漸漸長大，這些菁英媽媽想要重返職場時，並沒有一路順遂，雖然她們相較於其他階級的女性擁有更多的資源（特權），但如今要重返過去的職場也是回不去的夢想了。作者感嘆地說：「她們重返職場的成就與她們原先有可能達到的成就，呈現了鮮明的對比，而她們重返職場的漫漫長路，則提醒著大家她們失去的歲月與才華。」

菁英階級反而加劇性別不平等

這本書裡提到了很多菁英媽媽重返職場的考量與選擇、條件與限制，同為媽媽的我，讀起來真是五味雜陳。在閱讀的過程中，我常常捫心自問，如果我有選擇退出職場的自由，我要完全徹底地回到家庭嗎？階級和文化上的差異，讓我在閱讀本書時一直浮現許多疑惑，進而思考其中的異同。

首先，這本書探討的是中上階級的議題，其他階級的女性即使蠟燭兩頭燒到快成灰燼，依舊沒有退出職場的選擇與自由。本書作者也提到，從歷史上來看，美國非白人女性一直不像那些有特權的白人女性擁有同樣的經濟機會，得以成為百分之百的家庭主婦。然而，作者選擇中上階級的女性做為分析對象是因為這些菁英媽媽是最有機會、最有條件在職場上成功、弭平性別差距造成的成就落差，但她們卻選擇回到家庭，反而加劇並擴大整體的性別不平等。或許，其他階級的女性沒有選擇上班與否的自由，但她們如何面對家庭與工作之間的兩難，也是值得探究的議題。

其次，書中提到特權者的矛盾：高成就女性的性別利益，包括專業成就、性別平等主義與經濟自主，違背了她們的階級利益，因為她們所處的階級認為全職照顧是家庭之內階級傳承與地位維持非常重要的手段。女性應該在背後支持丈夫的工作，並且當個主動積極的母親，處理家中各種迫在眉梢的事務，確保家人可以在經濟不穩定與地位岌岌可危的年代保有地位。無論這些女性有沒有意識到這種特權者的矛盾對自己的作用，當她們進入家庭之後，維持家庭的地位與階級會悄悄成為她們生活的主要目標和重心。

相較於西方國家的菁英媽媽，台灣的全職菁英媽媽在單一制式的教育環境中，可能比較難有發揮使力的空間，在文憑主義的壓力下，很多教育的責任還是外包給坊間的補習班和家教老師。另外，維持家庭地位和階級這份重責大任，可能會造成在教養下一代時很大的心理壓力，無論是對媽媽或小孩都是如此。為了家庭離開職場、專心奉獻教養下一代，最後可能導致將自己的成就建築在小孩的表現高低，進而產生各式各樣的教養問題，如《你的孩子不是你的孩子》裡頭描述的那些令人心痛的家庭悲劇。

留在家裡或待在職場都應該受到肯定

當我們思考這些菁英媽媽要不要回到職場，或能不能回到職場時，我們忘記了當初那些讓她們離開的理由。如果職場的生態仍舊這麼糟糕、如果家務仍然無法兩性平等分工，那麼再多的社會政策或宣傳口號也只是空話。或許我們可以想一想，有沒有可能改變職場環境，降低職場上的高密度工時、高競爭壓力。創造對家庭友善的勞動條件與環境，不只可以鬆綁職場女性的兩難，也可以鼓勵男性投入家庭，讓男女在職場上都有同等的發展機會。

本書翻譯完稿時，恰恰是「蕾神」（鄉民對李靚蕾的敬稱）貼出公開信棒打偶像明星的沸騰時刻。在那篇被奉為女性覺醒的長文中，涉及了女性兼顧家庭與工作兩難，讓我們看到女性不只要面對社會價值觀對媽媽這個身分的壓迫，同時也被期待當一個「體諒丈夫」的妻子。蕾神在信中提到：

> 無論是過去或是現代的女性，選擇為家庭全心付出當家庭主婦，雖然實質上是屬於「無酬」的工作。但，這只是家庭成員角色的分配，也是家中重要的支撐，甚至是一個全年無休，二十四小時多重角色。

這種家庭成員的角色分配早就已經內化為男主外女主內的傳統觀念，而「無酬」更被視為天經地義。即使我們看到了社會在政策上的演進，但是觀念變化卻遠遠跟不上時代的進步，不論是美國還是台灣社會，我們都看到一個個菁英女性在家庭與工作的衝突下，「自願選擇」離開職場，整個社會雖然流露著惋惜，卻又只能默默承擔著共同的無奈。

資本主義的競爭讓體制下的所有人都很焦慮，從職場、學校到家庭，競爭無所不在，工作代表的不只是收入還有個人的成就，家庭內的成就更是隱晦、不容易被看見。這些菁英媽媽從小到大都很優秀，先從名校畢業、再成為職場上的強者，最後進入家庭，彷彿一個亮眼明星的墜落，失去了舞台與掌聲。因此在她們的家庭負擔舒緩時，她們都想要重新回到職場，想被看見、想被肯定，但重返之路卻非常殘酷。或許，真正的自由不是讓菁英媽媽或任何媽媽可以選擇重返職場，而是讓她們即便是選擇留在家庭也可以被社會肯定、也可以安好自在。

謝詞

首先，我們深深感謝讓本書得以出版的四十三位女性，她們慷慨地分享自己的故事，而且不只是一次，而是兩次。她們針對我們十年前首次登門造訪以來的生活如何開展，表現出的反思及令人訝異的坦率，構成了本項研究的基石。

然而，如果不是史東（Pamela Stone）在大學部與研究所的學生組成一支傑出的研究團隊，我們可能永遠無法訪問到這些女性，團隊成員有紐約市立大學亨特學院（Hunter College）的Katherine Cross、Lira Skenderim以及社會學系博士生Lisa Ackerly Hernandez、Erin Maurer和Robin Templeton（Cross現在也正在攻讀博士）。我們非常感謝這群夥伴在研究上的幫助，從採訪和初步編碼、謄寫訪談稿和錄音。他們對此問題的興趣，加上驚人的精力、聰明、能力和充滿創意的社會學想像力，全部都非常鼓舞人心，他們對研究新發現的集體洞察力和意見，也啟發並豐富了這本書。

我們也要感謝編輯Naomi Schneider，謝謝她不遺餘力的支持（和耐心）看著這本書出版。事實上，正是因為Naomi的建議和大力鼓吹，這項研究才變成一本書，而不是一篇後記。我們對她的付出感激不盡，她使得這本書好到出奇，而且與她合作非常有趣。

史東在紐約市立大學亨特學院的校長研究補助（Presidential Research Grants）、羅斯福公共政策研究中心研究員補助（Roosevelt House Fellow Research Grants）以及紐約市立大學教職員協會（PSC-CUNY）的研究補助，都是研究得以實現的關鍵。除了上述研究助理，我們還要感謝其他提供重要後援的人。謝謝Meghan Amato、Nicole Rios和Nichole Whitney，感謝他們做的文獻回顧、初步的質性資料分析和逐字稿。我們要感謝James Guerra，他準確、迅速地分析質化資料，而且不厭其煩地「一做再做」。

我們也感謝那些仔細閱讀我們初稿並提出編輯建議的人，這改進並釐清我們的文字。我們要特別感謝一流的編輯Dawn Raffel幫我們度過一道又一道的難關，並感謝審查人的仔細閱讀和極具啟發的意見。

史東要感謝一路上支持和鼓勵她的人，雖然有時只是熱情地聆聽。史東特別感謝美國進步中心（Center for American Progress）的Judith Warner早期對這項研究的興趣。她在《紐時雜誌》（*New York Times Magazine*）所寫的封面故事建立在我們當時的初步研究結果，這篇文章讓史東相信這個研究可以吸引到更廣泛的讀者，也有出版的潛力。史東要感謝亨特學院院長Jennifer Raab持續關注本書所涉及的問題，並且讓史東有機會把作品帶給更多讀者。我們還要感謝史東在亨特學院和研究生中心的同事，特別是Janet Garnick與Karen Lyness，以及她在哈佛商學院有幸參與的生命與領導能力研究計畫（Life and Leadership）的同事：Robin Ely、Colleen Ammerman、Laurie Shannon與Elizabeth Johnson。史東在史丹佛大學的克萊曼性別研究中心當了一個學期的訪問學者，那段時間非常關鍵，加速完成一些田野訪談，同時啟發她對研究計畫的早期思考。史東特別感謝研究中心的主任Shelley Correll與執行主任Lori Mackenzie提供這麼棒的機會，還有訪問期間給予的無數幫助。史東在哈佛商學院、史丹佛大學和南加州大學的會議及研討會上發表的初步結果，收到的回饋與意見也使她受益匪淺。

針對友誼和各種支持，史東要感謝Lisa Cornish、Cynthia Rhys、Tonia Johnson、Jackie Carroll、Katie Shah、Peggy Northrop、Lesley Seymour、Kris Klein、水晶湖小組（Crystal Lake Gang：Jayne Booker、Catherine Bosher、Wendy Jay Hilburn、Linda Jenkins、Celeste Gentry Sharp和Laura Meyer Wellman）、Sara Cousins、Jeff Stone、Janet Giele和Jean O'Barr。家人一直是史東最大的動力，過去幾年，史東把自己的要事排在家人之前，她非常感謝丈夫Bruce Schearer，他不僅給予精神上的支持，還扛起許多事情讓她能夠專心寫作，兒子Alex和Nick也伸出援手，提供創作和技術上的支援。史東覺得自己很幸運，生活中有這樣一群充滿愛、有才華、慷慨且貼心的男人，兒子讓她對本書所要處理的問題充滿希望。

拉芙蕎要感謝母親，母親是她第一個榜樣，說明女性用盡全力挑戰現狀的模樣。她的父母分別是藝術家和科學家，兩人熱愛學習並且渴望更美好的世界，這有助於提升她的社會學想像。拉芙蕎感謝她社會學的同事，還有研究所的導師Karen Hansen與Gail Dines幫助她進一步瞭解並獻身於女性主義，還有階級與性別多元交織的政治（intersectional politics）。拉芙蕎也要感謝在資產與社會政策研究所（Institute on Assets and Social Policy）的（前）同事，尤其是Jessica Santos，她熱衷探索系統性與深層原因，同時超越分析進一步提出解決方案，這給拉芙蕎莫大的鼓勵。同時，拉芙蕎過去數年來在幾個社會學研討會及座談會發表過初步研究結果，並從許多同儕之間收到許多有益的意見。

拉芙蕎還要感謝一幫朋友，特別是Maria Carri在本書漫長旅程中用不完的耐心及支持。最後，拉芙蕎最要感謝的是長期伴侶Jonathan Martin（他也是個社會學家），謝謝他多年來一貫的鼓勵、深刻的政治敏銳度以及極具建設性的意見，並幫助她相信男人也可以是個女性主義者。

最後，我們都要感謝從過去到現在的女性主義學者和行動主義者（不勝枚舉），他們鼓勵我們批判現狀，並追求事情發展的願景。

導論

注意空白

那是矽谷這座天堂一個再平凡不過的日子，萬里無雲的藍天，襯托出高檔辦公室園區修剪整齊的地中海風格綠地。但是在大樓裡頭，卻明顯感受到一股不安的氛圍，同時夾雜著期待與焦慮。密閉的會議廳裡，大約有幾十位女性，大部分都四十多歲，有幾位年紀較輕，也有幾位較為年長。她們來此參加一場座談，主題是探討「重返職場者」的資源，這是主辦單位給予這群曾經毅然決然離開職場或中斷職業生涯，而現在想要重返工作崗位的女性所貼上的標籤。這場活動限定了對象，參加的女性當中，許多畢業自哈佛、史丹佛、芝加哥大學或康乃爾大學等一流學府及名校。不過，這並不是她們唯一的共同點，她們還都住在附近的高檔社區，大多數是白人，零星有幾位是亞裔和拉丁裔的女性。她們的穿著打扮相當一致，商務的休閒服帶著足球媽媽（soccer mom）的賢妻良母氣質。

這群女性令人印象深刻，每一位看起來都充滿自信，但卻也帶著一種「第一天上學」的神情，一方面躍躍欲試，另一方面卻有些遲疑，不抱持太高的期待。她們一邊等著開場，一邊和身旁的人聊天，談自己畢業的學校，為什麼會來到這裡，還有為什麼考慮重返職場。她們坦然說出自己內心的不安與眼前的挑戰（「我想弄清楚自己想要做什麼」），也期待跟其他處境類似的女性有交流的機會。

活動開始之後，現場女性專心聆聽，而在講者語重心長地建議並分享自己重新工作或幫助其他女性重返職場的故事時，現場許多人紛紛點頭如搗蒜表示贊同。當講者表現出支持和鼓勵的樂觀態度時，她們同樣謹慎以對。他們提出警告，比方說揮之不去的年齡歧視問題，尤其是在灣區（Bay Area）一帶，正如某位專家半開玩笑地說：「不是到了四、五十歲才開始受到歧視，而是超過二十五歲就開始了。」活動廣受好評，但現場聽眾的擔憂在問答環節一一浮現。坐在地板上的聽眾提出了一個問題，而現場聽眾一聽到問題馬上挺直身子，接著身體前傾，專心聆聽答案，這也是唯一讓來賓遲疑的問題：「我要怎麼處理履歷上的空白？」

履歷的空白與研究的空白

這個問題沒有簡單或信手拈來的答案。從歷史上來看，女性長期以來都是從工作退下來一段時間，尤其是照顧小孩那幾年，但是她們並沒有名校ＭＢＡ的光環，也沒有之前鍍金的履歷記載她們在大公司上班的經驗。這些女性要搏鬥的是一個較為近期的問題，源於所謂的「選擇離開職場的浪潮」，由記者麗莎．貝爾金（Lisa Belkin）在二十一世紀初期指出並提出的爭議之說。[1]貝爾金認為，此現象反映的是新傳統主義（new traditionalism）的興起，女性是因為偏好而不是出於無奈而選擇回歸家庭。這個說法雖然受到我們與其他研究的挑戰，[2]但針對這些能力超群、學歷亮眼的女性為什麼離開璀璨的職場，貝爾金確實提出了一些全新、截然不同且引起共鳴的說法。正如座談會上的女性，有些人試著尋找重返職場之路，不只是像上一代的女性回去工作與上班而已，而且還要對抗履歷上那段空白且引人注目的警訊，她們想要重拾**專業**，重返有前途、有未來的職業。

類似主辦單位這樣的組織紛紛成立，目的是幫助有意返回職場的人，而這些人也引來媒體的關注。[3]只不過大多數組織都還在草創階段，不論出發點有多好，卻都還沒掌握太多經驗來提供建議。相關主題的研究也不多，不論是如何提供方向給正在探索重返之路的女性，又或者是更大的議題：「選擇離開職場」的女性有多少比例試著重返工作崗位？[4]她們的動機為何？她們在尋找什麼？重返工作的過程將經歷什麼？未來的老闆會怎麼看待這群人？她們能夠重新進入並重啟職業生涯嗎？什麼策略有效？什麼策略無效？

選擇離開時（標準定義為至少離職六個月，在此期間，女性沒工作、沒領薪水，主要忙於照顧家庭和家人），女性很清楚她們賭上的是未來重返職場的機會，更不用說原本前途大好的工作。近來的趨勢顯示，在任何一年之中，受過大學教育且家中有未成年子女的已婚女性，僅有約二〇％選擇離開職場全職在家。不過最近一項比較細緻的分析發現，從菁英學校畢業的女性，選擇退出的機會高於一般學校畢業的女性，兩個群體都有很高的勞動參與率，分別為六十八％和七十六％。但是，在照顧小孩那幾年，母親反覆進出職場。由此看來，**離開職場一段時間**的女性，可能遠高於兩種群體數據比較所顯示的比例。針對名校畢業女性所做的研究顯示（近似於我們的研究對象，這群人的優秀條件尤其有利於在職場上大放異彩），大約有三〇％到四〇％的女性提及自己曾經離開過職場。最近針對哈佛商學院女畢業生的研究顯示（我們完全可以假定她們有企圖心且全心投入事業），有小孩的女性大約有一〇％全職在家，另外有三〇％的母親則是曾經有一段時間全職在家。[5]

暫時喘口氣或中斷工作的風險很高，而且選擇離開職場之所以如此引人關注，其中一個原因是專業人士的工作往往名利雙收，因此這麼做對她們來說可能損失特別大。當我們知道她們試著選擇重返職場會發生什麼事時，我們也只能測量並充分理解其中風險的高低以及相關的成本，不論她們是否可以找到工作，還有她們從前途大好的工作會跌得多深。她們的努力以及這些努力的成敗，不僅揭露她們選擇離開的潛在風險，同時也讓我們看見這些做為先驅或做為白老鼠的女性，所標誌的美麗新世界。

她們的豪賭會得到回報嗎？職業婦女離職當媽媽一段時間之後，可以重返工作崗位嗎？有何條件，又有何結果呢？她們真的想要回到自己曾經離開以及（根據我們前一個研究所顯示的那樣）經常被拒絕的工作嗎？重返職場是否提供她們再起的機會，就算她們可能無法完全趕上那些一直在工作的男性（與女性）？在重新開始的職業生涯當中，她們會遭受什麼損失（如果有損失），又可能得到什麼？

我們發現女性成功重返職場，但並未延續過去的工作。相反地，重新進入職場需要漫長的探索和職涯重塑。由於女性在中上階級家庭裡擔任照顧者和地位維持者（status keeper）的角色十分重要，因此婦女重視工作的彈性和意義，不重返原先的工作，而是在工作與家庭的約束中尋找新的出路：當個自由作家或是徹底轉換跑道，轉到她們過去避免進入的女性主導領域。不像大多數女性，這些女性有辦法且願意承擔轉換跑道的適應成本——尤其是重新訓練、較低的收入以及失去升遷的管道，但我們證明，事實上，即使是她們離開之後並無多大改變的專業職場，她們重返的選擇也有限。因此，那些最有機會（而且也確實有望）戰勝阻礙並弭平性別差距的女性，並沒有追求對她們個人有利的工作與家庭平衡之路，反而加劇並擴大**整體的**性別不平等。這是選擇離開與選擇回來的兩難（Catch-22）。單單女性個人並無法打破這樣的循環。我們鼓吹運用政策來改變這種局面，支持女性留在職場與重返職場，這些政策不僅可以幫助我們研究的那些特別受到眷顧的職業婦女，也可以幫助所有想要平衡工作與家庭的女性（和男性）。

回到未來

我們對上述問題的理解，需要從比較長遠的視野來觀看女性的生活，必須是一部電影而非一張截圖。根據我們之前對能力強且經驗豐富的專業女性職涯中斷所做的研究（其中大多數女性，例如在矽谷工作的人，都是畢業自菁英且篩選嚴格的名校），我們挑戰了人們對於這些女性選擇離開職場的普遍理解。[6]現象不僅未如誇張的新聞標題所說的那樣普遍，而且她們這樣做也不完全出於偏好，也不是（如一般所說的）回歸傳統性別角色和價值觀。對於絕大多數放棄職業生涯且「待在家裡當媽媽」的女性而言，放棄工作待在家的決定，是極為受限且對她們的生涯造成極大衝突的一件事。這顯示辭職在家並非出於女性的選擇或偏好，而是高工時的職場文化以及丈夫基本上並不在家庭的第一線，這兩個因素加起來產生了高強度的兩頭約束，使得女性無法兼顧工作和養育子女。同一套工作文化給彈性工作貼上污名，使婦女——**尤其是擁有辭職選項的婦女**——繼續身兼二職。

我們之前的研究除了揭示女性將工作換成母職（至少在一段時期內）的情況，也關注她們目前的家居生活及未來的計畫。這些全職媽媽絕大多數都打算重返職場。前項研究無法處理的一個關鍵問題是，那些女性，以及那些能力好、學歷高而跟她們一樣選擇退出的人，是否能夠理解自己重返職場的目的及其中會有的過渡期。有些人觀察到這些女性在人力資本（例如文憑、工作經驗）和社會資本（例如階級特權、人脈）的優勢，因而看好選擇離開的婦女未來能重返職場。[7]不過有些人則不那麼樂觀。由於高專業知識本來就屬於技術快速過時的領域，再加上潛在的年齡歧視，他們預測女性將因為離開職場一段時間而處於劣勢，而過去選擇離開與重返職場的紀錄，也有可能是個警訊，說明她們沒辦法全心全意投入工作。[8]最近一項調查雇主對潛在求職者履歷評估的研究發現，上述憂慮其來有自。如果專業工作的求職者能力與資格差不多，曾經選擇離開職場回家照顧家人的應徵者，錄取的機會將遠不如那些偶爾因失業而中斷但還一直在工作的應徵者。老闆認為選擇離開職場的人違背了好員工的準則，並因此初步認定這些人對工作三心二意、較不可靠，也較不值得聘用。[9]

針對職業婦女重返職場的有限研究發現，她們大多數都想要重新工作（跟我們說的一樣），但是研究發現也符合第二個假設，她們要回來有困難，而且最後找到的工作遠遠配不上她們的條件與能力。[10]這些研究還發現，女性休息一段時間之後，她們的工作方向有了重大改變，經常與過去的公司及專業扯不上邊。[11]總而言之，這些結果說明重返職場顯然是一段漫長的動盪與不安。儘管過去的研究開始關注跟重返職場有關的基本結果，但卻對過程隻字未提。我們之前的研究也是如此，當時主要是回溯並探索剖析女性退出職場的決定。本書的出發點即在於探索前一本書留下來的問題，跟著同一群女性走過她們的職涯高峰與成家歲月，帶著她們從三、四十歲走進四、五十歲。長期的追蹤研究使我們得以將女性的生命抽絲剝繭，從她們選擇離開職場的重大決定，進而瞭解決定前發生的事，還有決定的過程，也能瞭解重返職場（或不重返職場），這個充滿挑戰且複雜決定背後的動機，以及常常伴隨而來的決定轉換職場，而這也同樣複雜且不為人知。只有瞭解整個過程及其影響，我們才能充分評估選擇離開職場代表的特權和危險。

為什麼重要？

矽谷那間演講廳裡的女性，可能意想不到自己會坐在那裡。當然，我們研究的女性也沒料到自己會成為全職媽媽待在家裡。她們的人生直到辭職的前一刻都屬於勝利組：不是已經衝破玻璃天花板，就是快衝過去了。像她們這樣事業有成、具備優勢的女性，「理當」走上一流母校為她們規劃好的路，成為所在領域的領袖。[12]女性主義革命已經過了五十年，我們瞭解女性在這方面的表現，答案當然就是「不大好」。女性面對的是領導職位的差距，還有更可量化的收入差距。日益明顯的是，求取工作與母職（委婉地說成是選擇離開）平衡等性別意涵濃厚且代價昂貴的策略，竟不成比例地懲罰了女性，使她們對於創造和維持有害且揮之不去的性別鴻溝扮演了要角。選擇離開也許是「管漏現象」（leaky pipeline）最明顯也最極端的表現，這個詞是比喻女性在晉升高階主管的考慮人才中消失不見。挖掘職業生涯受到干擾以及資歷斷斷續續所透露出來的意涵，對於我們理解現在已由女性占多數（五十一％）的職業所持續的性別差距極為關鍵，包括在領導階層的職位、權威和收入等各方面的差距。[13]

領導階層的差距

眾所皆知的女性領袖，例如臉書營運長雪莉・桑德伯格（Sheryl Sandberg）、國務院前政策主管、普林斯頓大學伍德羅・威爾遜學院院長及新美國基金會現任主席安妮・瑪麗・史勞特（Anne-Marie Slaughter），藉助所屬平台的力量，把女性領導階層的問題帶到大眾眼前。對我們這些在女性與相關議題投入數十年的學者來說，女性的領導階層和性別不平等的確獲得前所未有的關注。兩人所寫的暢銷書以及引發熱議的作品，桑德伯格的《挺身而進》（*Lean In*）和史勞特的《未竟之業：為何我們無法兼顧所有？》（*Unfinished Business*），引起大眾注意到像她們一樣身居高位的女性竟如此稀少，並且點出阻礙女性往上爬的障礙，其中的關鍵就是工作和家庭的衝突。[14]桑德伯格的作品從動機出發，根據她個人的經驗鼓勵女性打造成功的事業，「挺身而進」而非選擇離開，建議女性在辭職前不要放棄，她認為事業心和職涯的延續都很重要。史勞特則是站在更為開闊且偏向政策的角度，把有給工作和無給照料者（如育兒）的性別化分工視為問題根源，主張從社會和政策著手解決，更加重視照顧工作的價值，並且把照顧工作整合為有給工作。

這兩本書基本上談的都是成就斐然、受過大學教育的職業女性。但卻也都為此受到批評，不過她們關心這群女性的原因大致與我們一樣。首先，這些女性面臨領導職位的危機，說得更恰當一些，領導職位面臨女性危機。其次，儘管領導職位遍及各種教育程度、收入水準和各個階級的人，但主要的定義還是駐留在某些施展權力與影響力的關鍵位置，包括執行長、法官、總裁、學院院長、經理與合夥人。社會科學，尤其是社會學，長期都是藉著研究特權群體，瞭解不平等在上層的變化。雖然講起來不公平（而且我們會證明它不公平），但在我們這個不平等或階層分明的社會中，通往領導階層之路極為狹窄。它常常需要沿著一條明確的路徑，先是從一所大家公認的名校畢業，然後受雇於同樣有名望的組織，再靠著自己往上爬。因此，從她們的階級背景、菁英大學的文憑以及工作資歷等優點來看，我們研究的女性已經準備好要升上主管的位置。我們沒有排除她們的特權因素，我們就是因為她們擁有的特權而關注她們，我們想從中理解女性為何在社會裡一些關鍵領域沒辦法更快站上領導的位置。這些高學歷的職業婦女雖然代表的是有特權的少數，但假若她們的領導之路都受到阻撓，那麼對於整體社會當中的女性在取得權力與影響力所遭遇的限制，這又說明了什麼呢？

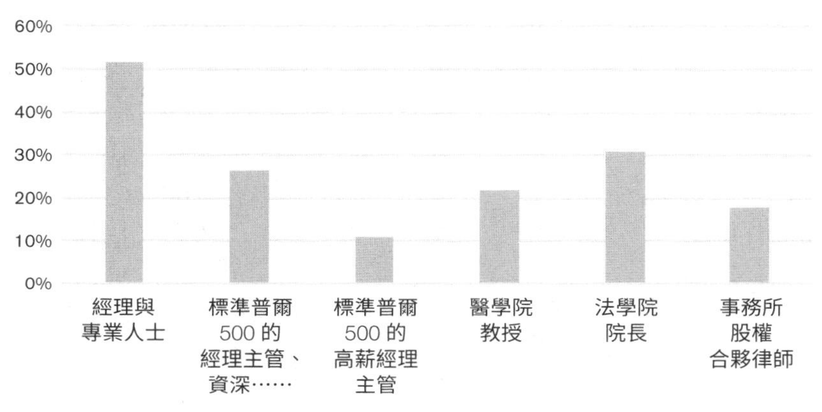

圖1　女性在管理階層的占比

資料來源：AAMC 2016; ABA 2017; Catalyst 2018; Warner 2014.

為了說明在美國如何爬上高階主管的位置，桑德伯格成為臉書營運長可能是最耳熟能詳同時也最典型的故事：從篩選嚴格的大學（哈佛）取得大學學歷，然後再從同樣不容易申請到的商學院（哈佛商學院）取得碩士學位，接著進入大名鼎鼎的谷歌工作，再被聘到臉書當第二號人物。這是升上領導階層的教科書標準案例，唯一不尋常的地方，在於她是女性。

僅從圖1就可以看出這有多不尋常。女性大量進入研究所與專業學校的五十年後，她們一直無法登頂。儘管在專業工作和管理職上有一半以上是女性，但僅有二十七%的執行長是女性，而最高收入者，僅有十一%是女性，而《財富》五百強的執行長也只有五%是女性。以桑德伯格所在的高科技領域為例，管理職有九%由女性擔任。女性在法律領域的進展很快，律師占四十五%，非股權事務所合夥人占二十五%，股權事務所合夥人中占十八%；而在醫學領域，女性占所有醫師和外科醫生的三十四%，但醫學院校的全職教授與院長的女性比例卻分別僅有二十二%和十六%。即使在婦女長期活躍的領域（例如醫療和社會福利），領導階層也是男性。在這幾個領域，婦女占勞動力的七十八%，但最高領導層只有十五%是女性。雖然這些數字很低，不過以前更低。但是，按照目前的變化速度，女性預計要到二〇八五年，才能在領導階層達到性別平等。[15]

崎嶇的同工同酬之路

女性不僅在領導階層的比例不如男性，在縮小男女薪資差距方面，也遇到瓶頸。以目前的估計來看，男女之間的差距可能要到二〇五八年才能拉平。[16]薪資的差距通常以男女收入比來呈現，這可能是引用最多且研究最廣泛的性別（不）平等指標。儘管薪資與領導職位息息相關，升遷往往伴隨著加薪，但薪資比領導職位更容易測量和分析。自一九八〇年代以來，尤其是自二〇〇〇年之後，男女薪水差距的縮減已明顯趨緩，新千禧年的到來對於女性似乎並不是特別幸運。二〇一〇年，各種估計都顯示，女性收入與男性收入比（壯年、全職、做滿一整年）大約落在八〇%左右，這跟二〇〇〇年的情況相比，變動不大。[17]最近的研究表明，職涯中斷是整個故事很重要的一環。

哈佛大學經濟學家克勞迪婭・戈爾丁（Claudia Goldin）廣泛研究擁有大學學歷的女性之職業與家庭行為，特別是像我們這種從菁英學校研究所及專業學校畢業的女性。她自己以及其他人針對高學歷、受過大學教育的專業女性所做的研究，一再發現女性從開始工作到三十歲之前，薪水都和條件類似的男性差不多。這稍微違背常理的是，「**男女之間收入的差異在工作生涯的前幾十年明顯擴大**。」[18]因此，男女在職業生涯早期和重要的起步階段，薪水幾乎沒有差距，或者說在同一個水準，通常女性的收入是男性收入的九〇％或更多。但是，隨著女性在三十多歲和四十多歲成為人母後，差距就明顯擴大，女性是男性的七〇％或多一些。[19]即使不是以現在對於親職的高要求來看，當你一個禮拜上班五十多個小時，也很難有時間看一下孩子。這就是所謂的管漏現象，當女性選擇徹底離開職場一段時間，像我們研究的女性那樣——或是藉由其他策略延續工作（例如降職到要求較低的工作），雖然她們不大甘願卻也不得不這樣做——調漲薪水這件事就會開始漏掉這群人。

至於名校芝加哥大學布斯商學院（Booth School）的ＭＢＡ畢業生，戈爾丁指出，一九九〇年到二〇〇六年畢業的女性，沒在上班的只有不到二〇％，而有約四分之一從事非全職工作，這兩種調整方式都和當上媽媽有關。另外針對頂尖法學院（密西根大學）一九八二年到一九九一年的畢業生，她也發現當上媽媽對就業的影響，從法學院畢業的十五年後，有二十一％的母親離開了職場。

傳統上由男性主導的專業和經理人領域，像是金融和法律等，女性自一九七〇年代起相對增多，但她們脫離勞動市場一段時間所受到的懲罰特別高。戈爾丁還說，哈佛大學一九九〇年代大學部畢業的校友之中，離開學校的十五年期間，就業中斷十八個月「造成有ＭＢＡ學位的人收入減少四十一％，擁有法律或哲學博士學位的人下降二十九％，獲得醫學博士的人則是下降了十五％。」[20]她的發現呼應我們先前的研究，她說：「有些職業嚴懲想減少工時與追求彈性工時的員工。較低的薪水可能造成他們轉換到截然不同的職業，或是換到同一個職業當中的不同職位，或是**徹底離開職場**。」（粗體字為作者所加）[21]

當女性在工作上表現得越來越像男性，因為當上媽媽而停工一段時間（但男性不會因為當上爸爸而停工，大部分男性一直在上班不會中斷），對於延續男女收入的明顯差距，扮演著越來越重要的角色，這個因素蓋過了勞動參與、工作時間、教育程度與職業等其他因素。例如，戈爾丁估計，以她研究的ＭＢＡ畢業生來說，十至十六年後，女性收入是男性的五十五％：工作中斷和相關工作經驗差異影響了其中三分之一，另外三分之二則是因為曾離開一段時間，無關離開多久。

另一個研究性別不平等的著名學者，社會學家寶拉・英格蘭（Paula England），進一步強調有沒有工作經驗對解釋母職懲罰（motherhood penalty，條件相同的女性有沒有當媽媽的收入差異）同樣關鍵。好消息是，母職懲罰比起性別收入差距明顯降低。我們研究的高學歷專業女性中，二〇一〇年有小孩的媽媽比沒小孩的女性之收入差距，從一九八〇年的十九％下降到二〇一〇年的三%。[22]然而，比較不同技能薪水（skill-wage）等級的工作者，英格蘭發現技能薪水最高的那一群，也就是專業人員和經理，儘管工作經驗最豐富（且中斷時間最短），但受到的懲罰卻最大。這正如戈爾丁的發現，由於經驗在她們的領域中相當值錢，所以離開一段時間要付出很大的代價。對於這群人（還有其他人也一樣）「一半以上的母職懲罰是因為失去經驗或工作。」[23]

長時間工作與加班（再加上一直期待女性擔任家庭的主要照顧者），同樣深深影響著男女工資的差距。觀察一九七九年到二〇〇九年男女的收入差距變化，查亞（Cha）和韋登（Weeden）表示：「加班氾濫」（也就是每週工作五十小時以上）以及「加班費增加」等等有利於男性收入的現象，造成一九九〇年代與二〇〇〇年代男女收入差距縮小的速度變慢。[24]加班的影響很大，它抵消了讓收入拉平的其他影響因素，像是女性學歷與工作經驗的增加。這在專業與管理人員之中，也最為明顯。

前述研究有助於我們把職涯中斷造成女性收入與男女薪資差距的原因及代價數據化。我們的研究聚焦於深度訪談，說明女性如何做出與自身生活及地位息息相關的決定。瞭解職業生涯中斷——重返職場前暫停一段時間——對於瞭解性別不平等其中一個關鍵驅力極為重要，也才可以提出緩解之道。

修正媒體敘事

儘管媒體報導為性別不平等帶來新的能見度，但針對女性選擇離開職場的報導亟需修正。女性是自己選擇退出職場的說法，基本上由媒體所創，始於一篇影響廣泛的文章。[25]我們的研究和其他研究挑戰了媒體報導，我們不認為中斷職業的決定是出於女性的偏好，但是，還是不斷有專書和文章老調重彈，經常把筆下的女性說得微不足道（例如，公園大道拿著柏金包的媽媽〈Park Avenue primates〉或一場午覺睡了十年的女人）。[26]媒體的不斷關注也誇大了女性選擇離開職場的現象，彷彿每位女性都選擇這麼做。雖然的確有不少上過大學的女性離開職場——不論在什麼階段都有二〇％，而在漫長的工作生涯裡則有三〇％至四〇％——選擇離開職場的專業女性只是少數，但人們卻產生了大多數女性都如此的印象。媒體截取了女性自我選擇離開職場的敘事，然後給予選擇離開職場者不成比例的大版面，這有可能強化極具殺傷力的刻板印象。這些普遍存在的刻板印象倒退回男主外女主內的分工時代，有可能把一個尚未被充分瞭解的策略（包含其缺點）視為正常。

雖然很難探究媒體報導與離職行為的直接關係，但值得注意的是，千禧年一代，也就是在女性選擇退出職場時代成長的人（二〇〇三年想出opting-out這個詞，然後關注此現象），現在她們是勞動市場裡最年輕的女性，她們似乎已經預料到中斷工作一段時間的人，會明顯多於X世代和戰後嬰兒潮世代。《紐約時報》最近有一則新聞的標題是〈計畫暫停工作的年輕女性，比她們媽媽的世代還多〉（More Than Their Mothers, Young Women Plan Career Pauses,），[27]引用了許多研究做為證據。我們參與了其中一項調查哈佛商學院校友的研究。調查發現，三十七%千禧年一代的女性打算為了家庭中斷工作，相較之下，X世代女性是二十八%，嬰兒潮一代是十七%。[28]儘管這股潮流可以看成是反映出優先排序的正向改變，還有從上一代的掙扎中學到的教訓，但並非每一個千禧世代對此都懷抱希望。我們有一位二十多歲的學生報告說，她的許多朋友確實打算選擇退出職場，但她擔心這種策略的適當性，並抱怨如此蘊含風險的事，現在竟然被視為「解決的辦法而不是問題。」我們瞭解她的擔憂，正因為如此，我們才想要進一步瞭解中斷工作一段時間帶來的長期影響。除非工作出現巨大翻轉，否則這種策略看起來一定會傷害到收入與升遷。這樣做有任何補償嗎？對於有可能選擇這條路的年輕女性，我們的研究有助於她們瞭解兩邊的得失，看清楚之後再做決定。

媒體刻畫也有可能強化（如果不是重新塑造）專業女性、工作與家庭的既有刻板印象。我們很久以前就知道企業聘人時存在著性別偏見，但是最近一項嚴謹的設計實驗研究證明，對於上層階級女性的性別偏見要比其他階級更為明顯。[29]大型律師事務所聘僱女性的可能性低於男性，而且更有可能錄取階級背景較差的女性而不是階級較高的女性。有趣的是，雖然男性會因為高人一等的階級地位而獲得更多（雖然不相稱的）提拔，但是女性並不會有同樣的待遇，作者解釋這是因為：「她們要承受對立、負面的刻板印象，說她們比較無法全心全意工作。」[30]大家認為中上階級的女性不僅比條件差不多的男性還不能心無旁騖地工作，甚至也比不上家世背景及學歷都比自己差一截的專業女性。媒體關注的是一個未經糾正且未受批判的女性選擇離開職場敘事，故事線是女性回歸家庭，重新創造了由男性養家的一九五〇年代傳統家庭，這使得傑出女性是自己選擇對抗風險的刻板印象深植人心，但事實上卻完全不是那麼一回事。有證據表明，頂著名校光環的已婚母親，似乎更有可能選擇退出職場，[31]但她們的勞動參與率從絕對與相對標準來看都很高，顯示她們對於工作並不是缺乏承諾。不但如此，我們之前的研究也表明，她們離開職場的決定無關對工作的承諾，而是和她們要當主要照顧者，還要承受很長的工時以及很嚴苛的工作要求有關。好好瞭解女性選擇退出職場的完整事實，不要只看一次的離職行為，而是挖掘離職後的後果，這可以讓我們看清楚女性對於工作的承諾，並且進一步削弱（假如不是打破）那些會強化聘人與升遷性別偏見的迷思。

研究概述

為了探討前面提到的問題，我們不但要瞭解女性為何選擇離開職場——這是之前研究的關鍵提問——也要找出接下來發生什麼事。例如，從之前的研究中，我們得知大多數女性都想重返工作崗位，應該注意的是，這表現出女性一直對工作有所承諾，但一直以來卻都被說成對工作缺乏承諾。不過，她們堅持下來了嗎？努力之後成功了嗎？先前的研究為這些問題提供了絕妙的出發點，但我們能否找到幾年前大方分享生活經歷的女性呢？幸運的是，答案是可以。追蹤研究的結果加上原先的研究發現，使得我們可以全面探索女性在主要工作的那幾年與帶小孩的這些年，她們的工作及家庭生活情況。

我們最初訪問的五十四位女性是一群有特權的人。儘管媒體對於選擇退出職場的描寫有許多不足之處，但卻很準確地指出這是一種有錢人的現象。[32]事實上，典型的全職媽媽不是高收入的專業人士，而是教育程度較差的低收入婦女。[33]她們之所以待在家裡，是因為工作機會有限而且不甚穩定，還有托育不足且成本太高，反之，有錢的女性因為上班時間太長，加上丈夫的收入豐厚，所以讓辭職得以成為解決工作與家庭衝突的辦法。因此，當我們使用「選擇退出職場」（opting out）一詞，它和退出勞動力市場回家照顧孩子或待在家裡並不是同一回事。此外，順著家庭研究著名學者希瑟．布斯（Heather Boushey）和瓊安．威廉斯（Joan Williams）的觀點，我們同樣突出選擇退出職場是中上階級（基本上就是大學學歷以上擔任專業與管理職）降低家庭與工作衝突的一種策略。這是中上階級女性針對每位婦女都普遍面對的工作與家庭衝突，所做出的特定回應，而問題則源於女性投入勞動的人數越來越多，但工作結構卻一成不變，仍然圍繞著傳統家庭的方式組構，因而產生扞格。其他背景的女性則根據她們的階級、家庭條件、資源與可選擇工作的性質，發展不同的策略來調和工作與家庭。[34]舉例來說，工人階級和中產階級常見的策略是父母輪流工作，通常稱為「接力教養」（tag-team parenting）。低收入工人受到不規律的上班時間、不恰當的工作時間和工作流失等因素影響，反覆進出勞動隊伍，當他們有能力或有必要滿足家庭的要求時就做低薪的工作，而這份工作繼續做下去的收入有限或根本沒錢。以全國樣本所做的研究，進一步支持中上階級選擇退出職場的觀察，研究顯示，從名校畢業的已婚媽媽，相較於從一般大學畢業的女性，放棄工作的可能性稍微高一些（兩群人的勞動參與率分別為六十八％和七十六％）。[35]

為了找來中上階級的專業女性，我們採取了介紹或「滾雪球」的抽樣方法，主要從全國四家入學難度最高的學院或大學著手，透過大學部畢業的校友網絡找來受訪者。我們尋找那些從專業或管理職離開，然後在家當全職媽媽的女性。她們以前是薪水優渥的專業人士，嫁給位置相仿的男性，這些女性至少在理論上對於是否辭職有一定的判別能力。其中一半有碩士以上學歷，涵蓋醫生、律師、科學家、銀行家、管理顧問，行銷和非營利部門的主管、編輯和老師。約一半的人從事法律、商業和醫療等男性主導的職業；大約有三分之一是在男女混合領域，如出版業；其餘則是在女性主導的行業，例如教書。她們分佈的地理範圍也很廣，居住在全美各地的大都會，例如紐約和芝加哥。受訪的樣本主要是白人，這反映出選擇退出職場解決工作和家庭衝突是特定種族的策略。從歷史上來看，美國非白人女性一直不像那些更有特權的白人女性擁有同樣的經濟機會，因而無法蛻變為百分之百的家庭主婦。因此，對於非白人，尤其是黑人女性來說，選擇留在家中依然是一種文化上的例外，而非傳統，即使她們有經濟機會選擇這樣做的時候，也是如此，黑人母親往往比較重視平等，更喜歡工作，工作時間也更長。[36] 儘管我們的樣本反映此現實，但還是呈現了部分族群與宗教的多樣性，受訪者當中，也有西班牙裔和猶太裔背景的女性。

我們啟動訪談時，受訪女性介於三十三到五十六歲之間，平均年齡是四十一歲。大部分受訪者有兩個孩子，小孩的平均年齡是七歲；她們離職前的平均工作年資是十年，基本上正處於職業生涯的中段，而她們離開職場的時間，平均是五年。一開始訪談的時候，我們主要蒐集受訪者的背景和人口相關資料，再加上受訪者從大學到受訪時的家庭史及工作經歷。我們特別想瞭解她們辭職的原因，以及其中的心路歷程，還想瞭解她們在家裡的生活以及她們未來重返工作的計畫。

長達十年追蹤每位受訪者，真是一大挑戰，附錄會更完整說明我們的努力和研究方法。針對追蹤研究，我們找到了八〇%的原始受訪者（或四十三個人）接受訪談。至於樣本的人口特質，追蹤樣本與原始樣本高度相似，基本上與第一次接觸時受訪者的年齡、有幾個小孩、大學以上學歷還有離職幾年都非常一致。

這次的追蹤研究再次使用了生命歷程深度訪談法，接著再由受訪者填寫的年度家庭工作詳細紀錄做補充。除了更新上次訪談以來的最新背景和人口資料以外（包括上次訪談以來工作和家庭歷史），我們還特別關注婦女是否曾試著重返工作崗位，以及她們決定重返職場的過程與經驗。一如既往，我們還挖掘她們未來的計畫。深度訪談的本質使我們能夠掌握女性決定離職的背景，並探討家庭研究學者艾倫・科塞克（Ellen Kossek）筆下橫跨家庭、工作和組織的「跨層次動態」（cross-level dynamics）。[37]這些女性再次慷慨地與我們分享她們的生命故事，讓我們得以一窺還在進行中的反思及重塑職涯的過程。為了記錄本書裡頭參加追蹤研究的女性，我們在附錄提供了完整的名單，並且描述每個人的出身背景。

先看看研究發現

想想我們前一個研究對女性的理解，我們說：「她們的故事尚未劃下句點……大多數仍在重新開發中，帶著一種主觀的能動性（sense of agency）展望未來，參雜著自己是否有能力再去工作的恐懼及疑慮。」[38]大約十年後，這些女性的生命特徵依然是重新開發和變動。儘管她們還是帶著「恐懼和疑慮」，但事實上追蹤研究裡的多數女性（實際上是所有想要重返職場的人，再加上一些不確定或是不願意的女性），都能夠重新加入勞動力。重新投入職場的過程，要比女性所預期的更為容易也更為困難，甚至是更為複雜，這是前一份研究與媒體報導漏掉及忽略的一些重要面向。這與先前的研究一樣，我們發現重新投入職場與重塑職涯有關，但如今我們能夠闡明女性如何在她們的職業生涯裡做出一些令人大吃一驚的根本轉變。女性選擇重返職場的動力，反映了起初女性是被迫選擇離開職場。因此，儘管她們選擇退出職場（因工作場所欠缺其他選項而有的策略），卻不排除最終重返工作崗位，不過當女性在尋求調和家庭與有意義的工作時，仍會面臨取捨、承擔損失，也會有收穫。我們詳細介紹了這些策略，說明專業女性如何發現自己處於我們所說的「特權者的矛盾」（paradox of privilege），這影響了她們最初選擇退出職場的決定，一方面強化且限制她們重返職場，同時又掩蓋她們所面臨的限制。

特權者的矛盾

我們把**特權者的矛盾**定義為一種現象：高成就女性的性別利益，包括專業成就、性別平等主義與經濟自主，違背了她們的階級利益，因為她們所處的階級認為全職照顧是家庭之內階級傳承的重要手段。女性應該在背後支持丈夫的工作，並且當個主動積極的母親，處理家中一些迫在眉梢的事務，確保家人可以在經濟不穩定與地位岌岌可危的年代保有地位。[39]特權者的矛盾表達出選擇退出職場的內在變化還有後果，其中專業女性（至少是最富裕且教育程度不錯的女性）的階級、種族及異性戀霸權的利益，在許多方面還有生命的不同時刻，都違背了她們的性別利益，最終還強化她們在家庭和職場上的從屬地位。如此一來，選擇退出職場鞏固了菁英之中的階級與男性特權（還有種族與異性戀霸權交互影響下的優勢）。

隨著人生的進展，特權者的矛盾在兩個階段出現。首先，矛盾的變化是逐步生成的。受過高等教育的中上階級婦女經過培養，湧入符合自身階級的高上菁英工作。此類工作一開始雖然對她們敞開大門，但結構上依然圍繞著最強烈的理想工人規範（請見「男性負擔家計的假設」〔male-breadwinner assumptions〕），工作時間很長，且需要全心全意投入。階級還培養受過教育的女性嫁給和自己一樣的男性。一直到女性成為母親之前，她們都還能在要求嚴苛的工作中與男性並駕齊驅，並維持平等的婚姻。但是，一旦成為媽媽，劇本就被一些強而有力的綜合因素打斷。因為她們的學歷、訓練和經驗（所謂的「人力資本」），因為她們擁有社會地位較高的家人、朋友和同事的廣大人脈（社會資本），因為她們的領悟力與沉著（文化資本），使得在這個階級裡的女性，不僅成為照顧者，也成為維持家庭地位的人。這來自於她們所背負的沉重壓力，要求她們在這個經濟不穩定的歷史時刻，努力扮演好母親的角色。同一時間，儘管她們擁有人力、社會和文化資本，也無法改變自己的工作來讓她們的職涯延續下去，因此只能看著丈夫的職業生涯在父權體制支持之下圓滿達成，但自己的未來卻是黯淡無光。所以，眼前的矛盾就是成功的婚姻（階級利益）會破壞（或至少是搗亂）女性職業生涯的延續與成功（或性別利益）。

而在第二個階段，特權者矛盾的情況更為赤裸裸。一旦女性離開職場一段時間，她們的階級利益將進一步削弱她們對性別平等的渴望，因為（1）父權協商下的家務特權，還有中上階級出於維持地位所需而形成的密集照顧與社區參與，導致她們離開職場更久；（2）破壞她們重返菁英職場的因素，同時讓她們擁有自由去追求收入較少但更有意義的工作。矛盾的另一個表現是對育兒要求的快速成長，嚴重衝擊那群準備攀上職業頂峰的女性。女性在年輕時好整以暇地準備剷除男性主宰領域中的性別堡壘，但遇上了母職，她們就會受到這些男性領域的阻撓或因此偏離方向；受限於階級教養的標準提高，還有專業工作對她們的敵視，許多女性不是回到傳統的女性工作，就是視情況在過去的專業領域邊緣工作。

問題與答案

我們的研究點出了一個更大的問題：女性是否正經歷一場禍不單行的人才流失——首先是剛開始選擇退出職場的時候，再來就是重返職場的時候？中斷工作一段時間之後重新換個方向（包括約聘與自由工作）是一種最佳選擇、一種積極有生產性的改造？還是一種預設的策略（default strategy），把女性便宜賣了，未充分利用她們的才能，並折損她們的生產力？當前經濟所提供的彈性工作方式，可能需要付出龐大的代價，而這個代價大部分都由女性承擔，卻滿足了老闆的利益，因為他們可以用約聘的方式聘到高素質的職業母親而大賺一筆。在勞動力市場如此進展的趨勢之下，老闆這樣利用勞動力，是否進一步分化勞動市場，並加劇工作與家庭的衝突，還有性別不平等呢？

本書內容如下。下一章將介紹六位女性，她們代表的是我們研究對象中一整批成就斐然的女性。這幾位的經歷說明女性選擇退出職場之後，為了實現下一步所採用的路徑。之所以擇取這幾個例子，是為了體現我們從更大樣本中所發現的重複主題還有常見模式。本章還回顧了我們先前研究的主要發現，並摘錄後續的研究，有一部分是受到我們前一份研究的啟發，證實且進一步提供我們前一份研究的可信度，並將結論推廣至更多的人群。第二章關注女性的家庭生活，揭露一股越來越強大的拉力，也就是我們所說的「家務特權的吸引力」（the seduction of privileged domesticity）。接下來三章談的是重返職場的迢迢路。第三章探討早期和暫時的「家庭優先」階段。第四章與第五章討論的是鞏固，也就是女性弄清楚自己之後要做什麼的「職業生涯重啟」（career relaunch）階段。第六章關注的是各式各樣的結果（主要是客觀的，但也有主觀的），評估女性走上重返職場之路的成本與好處，也希望說明那些正在思考休息一段時間的人，她們做了什麼樣的決定。這一章也呈現了一些例外，也就是未曾重返職場的女性（我們的研究發現她們從沒試過），這些案例得以讓我們瞭解從中斷工作到永遠離開職場的可能原因。本書最後一章將進一步思考高成就女性所面對的特權者矛盾，還有本研究的重要發現如何說明（或挑戰）目前對於職業女性、工作和家庭的辯論。我們順著更大的目標，也就是瞭解目前對於職場及家庭的性別不平等討論是什麼，從而點出得以支持女性兼顧工作與家庭的政策。

我們研究的女性並非無憾，不過當我們再次訪談，她們大部分人都覺得自己離職後過著幸福快樂的日子。即便她們可能如此以為，但她們的生命並非一場童話。由於她們的確有著相當豐富的資源，所以她們的故事（大部分）都是成功的，這一點也許並不令人意外。只是一切真的如大家所看到的那樣嗎？她們重返職場的成就與她們原先有可能達到的成就，呈現了鮮明的對比，而她們重返職場的漫漫長路，則提醒著大家她們失去的歲月與才華。列出每一個成功的故事，再看看性別不平等的延續以及難以縮小的性別落差，顯示出由個人的方式處理公共問題有其侷限。但是，要想往前尋找答案就必須往回看，現在讓我們回到起點，瞭解這些女性是誰，以及當她們發現自己落腳於一個她們意想不到的地方，也就是家庭時，她們如何塑造自己的工作與家庭生活。

第一章

前程似錦

個案

行銷主管

九年前初次訪問三十九歲的凱特（Kate Hadley）時，她已經是三個小孩的媽媽。凱特大學當過舵手，同時是女子划船隊的隊長，也是常春藤名校大學賽艇社史上（包括男子隊和女子隊）第一位當選社長的女性。她說：「舵手講白了，就是坐在船上指揮、發號口令、調整戰術，並且為隊員加油打氣的人。」或許是覺得自己講得太誇張了，凱特笑著補充說自己是「最不像運動員的那一個。」舵手是策略家，用的是頭腦而不是肌肉：「你要夠聰明，還要能手腦並用，而且不能選體重太重的人，因為隊員必須拉著你，你可說是大家的負擔。」凱特解釋道，由於舵手是船上的負擔，一般來說並不是當隊長的料，而且她對於自己以女舵手的身分被選為隊長，似乎要比當上社長還要自豪，兩項都是前無古人。[1]

我們在她芝加哥郊區的家中進行第一次訪談，初次見面就一眼看出她曾經是個大學運動員。她棕色的頭髮修剪得整整齊齊，身上穿著Ｔ恤搭配棉裙，腳下踩著一雙時髦且實用的涼鞋。她想了一下，不疾不徐地說起自己的成長過程，她認為自己擁有得天獨厚且成就非凡的生活。凱特的父親是跨國生意商人，母親在她口中則是「標準的老闆娘。」凱特很早就收到大學入學通知，並於一九八〇年代末從常春藤名校畢業。靠著好幾個暑假的實習，凱特很快就在一家位居龍頭的研究與顧問公司站穩腳跟。在那裡工作約兩年後，公司希望她去攻讀ＭＢＡ學位，但她顯然不打算這麼做。反之，她開始找外派歐洲的工作，然後到一家品牌大廠擔任行銷企劃，做了兩年之後，凱特覺得攻讀ＭＢＡ的時機已然成熟，「我不想因為自己沒有ＭＢＡ而其他人有這個學位而被拒絕。」許多名校都錄取了她，最後她決定就讀父親的母校沃頓商學院（Wharton），也是全美最頂尖的商學院之一。

從ＭＢＡ畢業後，凱特換到另一家消費性商品大廠工作，公司提供她返回美國的機會。凱特前途一片大好，平步青雲，在某次機會之下，她輕易調職到公司另一個部門，這樣她就能回總公司上班，也距離未婚夫尼克近一些。很快地，凱特成為公司領導品牌的行銷經理，她用行銷術語說這個品牌是公司的「母品牌」（mother brand）。新婚不久後，凱特為了跟隨丈夫工作的發展機會，而想搬到拉丁美洲時，她也靠著自己的專業知識調職到海外，最終還在第一個小孩出生之前，升職到行銷總監。

小孩出生後，凱特繼續工作，但工作時間砍到八成，她分析：「這是保持競爭力與時俱進的好方法，一方面能保有自己的人脈與名聲，但也能給我一點正常的生活或些許平衡。」雖然老闆同意她的要求，但她發覺老闆其實「相當訝異。」由於到拉丁美洲出差路途遙遠，凱特估計每個月有二到三個星期都在出差的路上。儘管艱辛，但凱特在第一個孩子一歲半的時候又生下老二。後來公司在拔擢人才時跳過了她，選了一個比她資淺的人，凱特「懷疑這和我生老二有關，他們認為我想放慢腳步以及其他之類的事等等。」不久之後，先生為了前途而決定返回美國工作，他們一家搬回了美國。由於沒有找到新的工作，加上家庭壓力越來越大，又懷了第三胎，凱特最後辭職了。回頭看當初的決定，她對於自己能夠在工作與家庭之間遊走那麼久，感到滿意，想了一下說：「我留在工作崗位上的時間，可能比別人預期的還要久，我一直待到第二個小孩出生。」

第一次受訪時，凱特已經在家三年了。她對於有人想要諮詢她的看法雖感到受寵若驚，不過她拒絕受訪，因為家裡的三個小孩以及兩隻狗，已經讓她「心力交瘁」了，再加上先生的新工作要求很高，還要常常到國外出差。身為船上的舵手，凱特是船上唯一看得到前方的人，但是現在她抬頭往前看，卻充滿不確定性。當時，凱特想著自己的未來，不確定是否要重返工作崗位，回去工作「才能在我五十歲之前升上行銷副總」，如此才配得上她名校ＭＢＡ血統賦予的願景。但凱特並不這麼想，她追求的是有意義的付出，「為女兒樹立好榜樣。」儘管如此，她還是想回去自己所喜愛的企業界（不像有些人並不喜歡），因為「企業界讓人很有安全感」，也能帶來認同感，「大家叫得出公司的名字。」但是，她陷入「缺乏自信的狀態，因為我已經離開很長一段時間了（僅三年）。」她也擔心公司無法提供她所需要的彈性，還說自己一直瞭解「公司要提供彈性工作有多困難。」凱特計畫有一天要重返職場，大聲強調說：「我不認為自己是退出職場革命的一份子。」至於重返職場的時間與方式都未知，她感受到盡快重返職場的壓力，但是卻「什麼也沒做。」她認為這樣的優柔寡斷，透露出一項「徵兆」，那就是她還沒準備好。

會計師（CPA）

黛安（Diane Childs）的父親是一名警察，她的媽媽則「從來沒有上過班。」十一年前我們第一次與她聊天時，她才四十一歲，有兩個孩子，維持著苗條身材，頂著一頭棕色短髮，講起話來不拖泥帶水，沒有任何廢話與多餘的動作，這反映在我們一起喝茶的客廳，一塵不染而井然有序。黛安仍然住在她成長的東北部城市，之前就讀的大學也離家不遠，她選擇了當地一所不貴又方便抵達的大學，主修實用的科系（會計系）。進入商學院之前，她在「人文專業摸索了大約一年」，最後下定決心轉到商學院，是因為瞭解到「自己畢業之後必須找一份工作，償還就學貸款等等費用。」她回憶自己畢業的一九八〇年代初期，「很鼓勵女性去工作。」黛安急著掌握自己專業領域釋放出來的機會，一畢業就進入一家大型會計師事務所。儘管她瞭解這份工作帶來寶貴的經驗，但黛安「並不喜歡。」她回憶道，事務所的合夥人「賺不少，但外表都比實際年齡大了十五歲。」黛安把他們視為負面榜樣，她不想步上他們的後塵，因此決定不走傳統的會計師合夥人之路。三年後，黛安換到一家全國房地產投資公司上班。她在那裡學到房地產和建築業的訣竅，也找到適合自己風格和價值觀的工作環境。三年後，她又直接跳到另一家開發平價住宅的公司，負責籌資。黛安上班的時間很長，但卻樂在其中，儘管她意識到，比起營利單位，非營利公司捉襟見肘，人力不足且資源匱乏，薪水也不是「太好」。不過在這裡，交易速度快，加上有著做好事的感覺，她從工作獲得極大的滿足感和「樂趣」。從事這份工作五年後，她有了第一個小孩，三年後又生了老二。她轉為兼職，但這並不是她想要的解決方式。公司要求她做更多的工作，卻不調薪，也看不到升遷機會。在這個職位做了十二年以後（其中七年是有小孩之後兼職），黛安辭職回家，我們第一次訪談時，她已經在家待了一年。

黛安計畫再回去上班，但因為她早已離開商業界轉進非營利部門，去公司上班對她也不再有吸引力。她很清楚自己想利用會計的技能接案或是當個自雇者，並且她像許多婦女一樣，依照小孩的成長階段，安排自己重返工作的時機。我們第一次訪問她時，她最小的孩子剛進幼兒園，她計畫在他上中學的時候回去上班，大約是七年之後。同一時間，黛安希望做點事「維持自己的競爭力（employable）」，但卻還沒「真的想到怎麼做。」

顧問

我們在那棟氣勢恢弘的郊區豪宅大門，第一次見到金髮碧眼、曲線玲瓏的伊麗莎白（Elizabeth Brand）。接下來的兩個小時，伊麗莎白娓娓細數自己不凡的職業生涯，以及最後離開職場的原因。第一次訪問時，她四十歲，有一個孩子，肚子裡還懷著老二。伊麗莎白於美國南方長大，父親是位工程師，哥哥也跟著從事科學及技術相關工作，伊麗莎白跟隨父親與哥哥的腳步，而不是像母親那樣當個全職媽媽。她喜歡數學和科學，「對於男性做的事很感興趣」，她畢業於名校的機械系，是全班三名女畢業生的其中一個。她很快就在專業領域找到一片天在一家跨國能源公司工作。她什麼都做，「從設計管線的零件，再到為新建的工廠開發管道規格。」伊麗莎白的才華很快獲得肯定，僅僅一年半，她就「得到一個千載難逢的機會」，到一家「問題很多」的工廠上班。工廠位於愛達荷州，一個她從沒去過的偏遠地區。她年紀輕輕就有了「實務經驗。」伊麗莎白不僅年輕，還是個女性，她說自己開始新工作時，面臨了底下的情況：「我曾經開玩笑說自己是全鎮兩萬人之中僅有的專業女性。因為每個從事專業工作的女性，到最後都離開了這個鎮或這個州。」工廠的工人感到不安，他們聽說「有一個加州來的女同事，準備告訴我們如何管理工廠，」不過，伊麗莎白還是讓他們心服口服了，她開心地回想這一切：「那是一次很棒的學習經歷。我從操作員和維修人員那裡學到很多……因此在個人和專業方面，實在是很豐富的成長經驗。」

儘管她熱愛工作，也喜歡洛磯山脈這邊可以從事運動與戶外活動的生活方式，但她還是決定去研讀商學院。她明白自己的工程背景和特殊的工作經驗會讓她與眾不同，她回憶說（語氣平實毫不誇張）：「由於我的履歷非常獨特，因此不難申請上學校。我申請了麻省理工學院、沃頓和哈佛三所學校的商學院，結果全部錄取，最後決定去讀最適合我的麻省理工學院。」入學之後，伊麗莎白再次發現自己來到一個男性主導的世界，裡頭「有很多非常保守，尤其是經濟上異常保守的人。」她選修了好幾門金融和科技課程，並到一家業界有名的管理顧問公司當暑期實習生，最終在拿到ＭＢＡ學位之後，加入了這家公司。伊麗莎白說這家公司的特色是，「升不了就走人」，但她平步青雲，只花了七年就從顧問升到副總。在這份工作之中，她參與了各式各樣的計畫，有不少都是跨國事務，也橫跨不同行業。她在三十四歲升為合夥人。在以小時計費的管理顧問世界之中，每週工作五十個小時以上以及頻繁的出差，實屬常態。升為合夥人兩年後，伊麗莎白生了老大。由於擔心長期在國外出差，再加上工作時間太長會影響母子關係，所以她請了產假，卻再也沒有回去上班。當我們第一次訪問時，她已經在家待了兩年，而且在做了一系列的受孕治療之後懷了老二。

第一次訪談時，伊麗莎白重返職場的計畫，看起來既遙遠又模糊，但她很確定自己不會再走回顧問公司的老路。她提高音量問說，假如不辭職，自己是否可以「找到一個平衡點……也許做一份截然不同的工作？」目前看來，她設想等到孩子「整天待在學校」之後，也就是「六、八、十年後」回去工作，並希望做點「偏向學術、也許更帶有慈善性質的事。」她十分清楚：「不多跑外務」，機會就不會上門，而這是她目前無暇經營的事。

編輯

楠（Nan Driscoll）在我們初次見面時是四十六歲，三個孩子的媽媽，成長於紐澤西州郊區，目前則是在紐約市有錢人住的郊區生活，自稱為「第二代城市郊區佬」（a second-generation suburbanite）。一頭短棕色不長的捲髮，加上臉上那副深色膠框眼鏡，外表看起來相當清秀。她過去在紐約州北部的一所小型耶穌會大學就讀英文系，她說：「不確定自己想做什麼，不過我知道自己不想教書，但想住到紐約市。」她限縮了選項，只找出版社和社會工作方面的工作，瀏覽了一遍求職廣告後，她得出一個結論，如果進入出版業，新人可以多賺一點，能夠「靠自己生存，還可以租個小公寓。」她輕鬆找到第一份差事，儘管很快就對工作感到失望：她的老闆「一邊整理發票，一邊用八到九分鐘向我解釋全部的工作內容。」

楠堅持了下來，「大約半年後，我和營業部的主管說，自己真正想做的是編務」，想不到機會就此降臨。事情真的發生了，楠不久就成為執行編輯，做了更多行政方面的工作，她說這是「很棒的學習經驗。」從這裡開始，她想要當個「真正的編輯」，然後成為副主編，再升為資深編輯。六年後，她到了一家更大、更有聲望的出版社工作。在這家公司工作的五年期間，她不斷晉升，最終成為童書部門的總編輯。但是，公司的政策卻改變了，慢慢脫離童書。「彷彿我哪裡都去不了」，楠跳槽到一家專門做書籍包裝的小公司，這家公司把兒童和青少年書系放在一起，再交給著名出版社出版。楠熱愛這份工作，意外在業務方面找到樂趣，並迅速升為公司總編輯，「我覺得自己不能錯過這個機會」，但眼前的挑戰是，她已經嫁為人婦，也準備要懷孕生小孩。

即使是她口中「清一色女性」的行業，她卻是公司裡第一個生小孩的員工，「因此我稍稍處理了自己生小孩後的情況。」她的老闆支持她設計一份對嬰兒友善的彈性上班時間，但楠對此有所保留，她覺得「自己現在很難維持像以前那樣的工作效率。」公司和一九八〇年代後期許多出版社一樣，開始感受到財務壓力，老闆要楠資遣一名單親母親，因為他「看到（她）每週才來上班三天，也沒能把自己份內的事情做好。」但是楠卻自己辭職了，她說自己「很幸運」，因為她先生在一家公司擔任法務，收入還不錯。如今回想起這個自豪的決定，她說「離職的時候，我是副總兼總編輯……只有老闆在我之上，我做到了我想要做的每件事。」

我們第一次訪問她時，楠已經當了十年全職媽媽，而在這之前，她則工作了十五年。那時，她也不確定自己是否會重返職場。她和許多女性都一樣，為自己過去的成就感到自豪，認為自己有個「很棒、很不錯的職業生涯。」但是與其他大多數女性不同，她認為自己的職業生涯已經結束。「我做過了，也做到了。太好了，這是我生命的一部分。」她說自己現在不再需要「職業生涯」，因為她曾經有過了：「如今我擁有第二生涯，也就是我的孩子、我的家人。」楠決定暫時不回去上班，「我們很幸運，因為我們沒有經濟壓力，所以（問題是）我想去工作嗎？以及要如何安排呢？」她的信念影響了她的想法：「比起他們讀幼稚園還有小學一年級的時候，現在和未來幾年陪在他們身邊更為重要。」她說到「難以想像的後勤支援」，「每天下午三點到晚上七點，要接送三個小孩去上不同的課程」，偶爾還會病個幾天。在不確定的將來，楠可以想像自己去工作，但前提是工作地點就在家裡附近，也不需要通勤到市區。她很清楚自己不會再回去出版業，而且也接受「只要時間合適、有趣、有挑戰性，我也可以到完全不同的領域工作，我可以藉由工作有所學習，或者在有需要的地方，發揮我的功用。」

股市交易員

梅格（Meg Romano）在我們第一次訪問時四十一歲，是三個孩子的媽媽。暗棕色的頭髮，看起來朝氣蓬勃，一個溫暖春天午後，我們在她郊區漂亮住宅的門廊上聊天。梅格小時候住在紐約市市郊，「影響她最大的人」是母親，母親在一九五八年以優異的成績畢業於曼荷蓮學院（Mount Holyoke）。根據梅格的說法，當時「女孩子就是嫁人、生小孩。」梅格的母親沒上班，一直到銀行家父親因為一九七〇年代儲蓄和貸款業務崩潰而失業才去工作。

梅格大學畢業後並不清楚自己想做什麼，母親建議她到華爾街。靠著親戚的介紹，梅格在紐約證券交易所找到一份辦事員的工作，「其餘的，如同大家說的，就是歷史了。那是一九八二年，也是接下來二十年大牛市的開始。因此生活實在非常刺激。」她升遷得很快，先是「暗中找到」一條管道，而在一家大公司獲得了更好的差事，然後在公司裡又受到一名資深交易員的照顧，他很快就發現梅格懂得實在不多。梅格語帶感激回憶：「基本上，他把我貶得一文不值」，因為這名資深交易員，她才可以去學習高風險領域的訣竅。不到一年，她「很幸運」又升了一次。但是大約三年後，她「清楚這不是自己要走的路」，所以就轉到（相對）平淡的機構交易櫃檯（institutional traders desk）。又過了兩年，公司要讓她當首席交易員（head trader），前輩要她千萬別拒絕，因為這不僅會讓她「接觸整個華爾街」，也可以讓薪水加倍。「所以他們對我說，『你知道對於你這個年齡的女孩來說（我那年二十六歲），這是一個千載難逢的機會』。」

梅格在證交所遇到她先生，當先生想要回老家費城攻讀法學院的時候，她也願意跟著一起去。她最初擠破頭想要做的工作，在一九八七年的崩盤時消失，所以梅格在當時還是一家小公司但現在已是全美最大投資基金之一的公司，找到另一份差事。梅格的財富隨著公司水漲船高。三個孩子接連出生之後，她還可以視情況需要，時而兼職時而全職工作。當老么診斷出患有嚴重的先天性疾病，梅格請了假。準備回來上班的時候，她等著要做兼職，讓她可以盯著孩子治療的最後一個階段。但是在最後一刻，當她在公司幹了八年之後，兼職的選項沒了，公司告訴她必須回來做全職，她只好辭職。

我們第一次與梅格碰面時，她已經在家四年，在這之前，她工作了二十年。她是最初幾位受訪者之中較有自信的一個，不論是對自己重返職場的能力，還是繼續待在相同領域（金融）的意向都是如此。彷彿標準答案一般，梅格也說並不後悔自己的決定（「一點也沒有後悔」），但也許是金融背景使然，她是少數幾個明白說出內心顧慮的女性：「我們要如何在退休與三個孩子的大學教育之間搖擺不定？時機一到，我就會把內心的憂慮轉為積極去賺更多錢。」她確信「讓我在第一份工作成功的特質，也可以讓我在未來繼續往前。」她的一隻腳一直留在金融圈，並且靠著「晚上的交際應酬，還有參加金融界的活動」與人聊天。至於專業證照，「我保住自己每本證照。我的腦海中一直都在做一些重返職場需要做的事。」但是隨著梅格待在家裡的時間越長，她在回答時也就遲疑得越久。她打算有一天要重返職場，但不確定是何時，講話時有種幻想破滅的感覺，她「終於到了這樣的時刻了，那就是以為自己有一天可以做得到，卻發現只不過是一場神話罷了。」

科學家

當我們第一次訪問她時，丹妮絲（Denise Hortas）四十五歲，有兩個孩子，年齡分別為十一歲和十四歲。丹妮絲的口才流利，為人熱忱，她在紐約的長島長大，那裡「有很好的公立學校」，她是個優秀的學生，作文和數學都很好，而且在中學就以科學為志向。「我那時以為自己想當醫生，也清楚知道自己喜歡生物學。」花了三年半讀完大學後，她立刻嫁給了男朋友（也是現在的丈夫）。她和丈夫都繼續攻讀博士，她在科學領域，而先生讀的是人文學科。丹妮絲六年取得學位，不過她先生改變方向，轉到西岸就讀法學院。她憑著貨真價實的學歷，在同一所學校找到博士後研究的機會。博士後的最後一年，丹妮絲生了老大：「之後就不再像過去做研究那樣，以前我回家吃晚飯以後會再回去實驗室，現在我只從十點做到六點，這惹得我指導教授非常生氣。」她回想：「這不是件容易的事，但我內心很篤定自己不會成為大學者。」她「在待過兩所非常好的研究型大學之後，我在研究所的時候就瞭解到我做不出最好的研究……我不喜歡做研究，也不喜歡研究時必須聚焦於窄窄的主題，但是我喜歡大學裡那種廣闊的感覺，也喜歡交朋友。」

他們身處矽谷的核心，「工作俯拾即是。」丹妮絲很快就在藥廠找到一份差事，負責臨床試驗讓新藥推向市場。她向新老闆表明想要「正常上下班」，這位女老闆、執行長是「製藥產業裡呼風喚雨的一號人物，」她支持丹妮絲的想法。丹妮絲在這家公司上班時生了老二，然後就從「正常上下班」改為兼職，後來又逐漸轉為全職。她爬得很快，也很驚訝「（公司）到底有多少機會？每當我準備好，機會就來了。」由於渴望進一步發展，她安排自己和公司新任的執行長見面，而支持她的女執行長在公司合併之後被趕走了。當她表達自己最終的渴望是當上副總，新任上司對她說：「妳不會想要那樣的。」丹妮絲認為這句話的意思是「妳的心思都在其他事情上面。」她既失望又生氣地離開那場會議，覺得「現在有個老闆不想要理她了」，也是「第一次遇到阻礙。」

丹妮絲再次毫無遺憾地辭職了。當我們第一次訪問她時，她待在家只有一年，那時她已經開始做一些醫藥界的顧問工作，也就是藥物研究，而這是她覺得自己：「未來幾年可以做的事，因為這很適合我想要照顧小孩的狀態。」她說女兒只會在家裡再待三年半，兒子再七年就會去上大學，屆時「我可以回去做全職工作。但是……我可能不會再做藥物開發工作，也許會去當老師吧。」儘管不確定要從事哪個領域的教學或繼續從事藥物研究，但與其他第一次受訪的女性相比，丹妮絲更為專注思考自己的未來。憑藉著個人條件、學歷、多年的經驗以及良好的人脈，她也對於自己重返職場更有信心。

摘下天上的星星

這一章還有整本書記錄的凱特以及其他女性，都是閃亮的星星。她們大多數畢業於頂尖、入學篩選嚴格的學院或大學，擁有碩士或專業學歷，而且每一個人在中斷工作之前都在追求功成名就。第一次訪談時，她們都是全職媽媽，她們回到家裡的起點可能不同，但她們早期的人生都極為相似，多數都來自中產階級或中上階級的家庭，家庭的優勢幫她們鋪好康莊大道，尤其是透過讓她們接受高等教育來達成。[2]她們成長於傳統家庭，父親在外工作、母親在家，在她們母親那個階級與世代，女性的典型就是在家當家庭主婦。我們採訪的這群女性，從青年過渡到成年，從讀書到就業，人生一路順遂，幾乎沒有中斷或崩塌。她們的成就斐然，而且她們所處的時代鼓勵且期待年輕女性（尤其她們的階級）勇敢逐夢，因此她們每一個都以自己的方式辦到了。她們坦率而熱情地分享先前的生涯，袒露自己有哪些長處和短處，而她們又如何超越與克服。丹妮絲坦承自己在做博士後的時候，並不是很擅於研究，這樣說可能會嚇壞（如果不是擊垮）許多和她一樣的博士後，但是丹妮絲卻將這種認知連結上另一個優點——她**曾經**很擅於建立人脈。顯然，女性早期教育和事業之路的努力都是心無旁騖，當她們從一個舞台換到另外一個舞台時，也相對順遂，而且一直都是平步青雲。她們都是聰明的女性，她們的特權、領悟力和智慧，引領她們走向名校，而名校又是找到頂尖工作的跳板。儘管她們不會吹噓，但是這些女性的言語都流露出自信，並且伴隨著一種真正的成就感。

然而，隨著她們成為母親，許多人遭逢了人生中第一次的不順遂與前途茫然。她們不再是前程璀璨的女孩，也意識到自己在工作上的能力和投入程度受到質疑，一旦她們感受到污名與事業停頓突然而來的刺痛，信心也跟著減弱。

女性辭職的真正原因？

大眾媒體散佈的一般理解是，這類女性是為了家庭而辭職。乍看之下，她們的確是為了家庭，因為離開職場之後，她們都變成了全職媽媽。但是，我們的前一份研究揭示了這個解釋有其不足——**全職母親是她們辭職後做的事，而不是她們辭職的原因。**[3]首先，這些女性，除了少數幾個，從未打算完全投入家庭。絕大多數（九〇％）都覺得，自己早期與長期的人生目標，是希望能夠事業與家庭並重。此外，她們都很努力追求自己的事業，辭職前平均工作了十年。其次，當媽媽本身並不是引發辭職的典型因素，她們大多數在生了兩個孩子之後，工作表現依然良好。第三，進一步挑戰常見的母性論者的建構（materialist construction），許多人是在孩子大一點才辭職，至少是小孩上學之後，而不是在嬰兒或學走路的階段辭職，她們也發現突然轉為待在家裡當個全職母親，是一件非常困難的事。第四，當女性跟老闆和同事說自己要辭職照顧家庭，這是一個保有顏面、保留退路的說法。社會學家莎拉．達馬什（Sarah Damaske）發現，不論什麼背景的女性，不管她們在討論自己工作與不工作的原因，一直都把理由說成是「為了家庭」，[4]這種說法符合性別角色，滿足了社會認可的各種理由與需要（所以我們對於「為了家庭離開」的說法，並不能信以為真）。

婦女辭職的真正原因，源於她們原本的那份職業，其工作條件的本質與她們產生了真正的衝突。女性決定辭職的原因不一而足。她們會說職位、小孩與先生，但是她們敘述的主軸卻是工作，而不是家庭。十個裡面有九個會說出跟工作有關的理由。工作場所的推力，再加上家庭的拉力，尤其是現在對於母職的要求很高，丈夫也常常在家庭的第一線「缺位」。仔細聽她們的故事就會聽到，離開職場是個預設選項（default option），是在其他方法行不通的情況下不得不的選擇，而且基本上是帶著不捨與遺憾。這些女性成功的代價，就是她們從事許多人所說的「全力以赴工作」（all-or-nothing jobs），特色就是上班時間很長，以及永無止境的要求。雖然這在地位高、傳統由男性主宰的職業（例如商界與法律），會稍微明顯一點，但現實是，在男女都有的領域（例如出版與行銷），這兩個領域從一九七〇年代開始，有越來越多女性加入，而且工時增加的速度也來到歷史新高。[5]工時長，每週達到五、六十個小時以上，是女性無法繼續工作最常有的一個理由。此外，雖然她們談到工時長的時候，說的是自己工作的環境，但是在類似步調下工作的丈夫，也常常都不在家。[6]丈夫的收入優勢（反映出眾所周知的男女薪資差距），也免去丈夫照顧家庭的責任，並使得先生的事業優先於太太的事業（即使是太太的收入超過先生，大家還是期待應以先生的職涯為優先，這種性別動態變化經常被「性格」或個人偏好的理由所掩蓋）。工時長的雙生涯婚姻（dual-career marriages），以及丈夫擁有不過問家務的特權，往往是造成女性無法繼續工作的「導火線」。

辭職另外一個相關因素，則深植於當前專業工作與管理工作的加班文化，當她們努力嘗試減少工時、遠距工作，以及其他減輕時間限制的彈性工作方式，卻都失敗時，只好離職。本研究三分之二的女性辭職之前都能夠做出一些替代性的工作安排，基本上就是改為兼職（不過有一〇%申請人遭到拒絕，這些人往往是三十多歲、年輕、經驗較嫩的女性）。想當然爾，由於理想員工的規範，要求放下家庭與其他個人干擾因素、全心全意投入工作，因此女性發現她們努力嘗試的兼差工作或是分擔工作模式，都持續不了太久，最終注定失敗。

這些女性發現身為職業母親（通常是唯一要求或使用替代性工作安排的人），在公司裡很矛盾地被叫做「兼職專業人員」。雖然是兼差，女性對於自己帶走的工作還是有很大的責任，她們的地位降低了，但更重要的是，她們的戰力與影響力也被限縮了。她們眼睜睜看著自己「兼差」的工時逐漸增加到全職，卻沒有補償任何薪水；她們失去了升遷的機會；清楚知道自己就只是一個不在辦公室的新經理，看著她們得之不易的彈性工時遭到否決。女性也很敏銳地感受到她們努力挑戰加班文化所帶來的**污名**。將工作地位及（或）母職地位連結到污名的聲明（所謂的「污名聲明」〔stigma statements〕），到處都是，我們第一份研究中有七十六％的女性都說過，平均每一個女性發了三份污名聲明。[7] 在大型軟體公司擔任行銷主管的克莉斯汀（Christine Thomas），引用聖疤（stigmata）的概念（污名的標記），她說：「當你（在公司裡）做的是共同分擔工作（job-share），你就蓋了一個寫著**媽咪**（MOMMY）的大印在你頭上。」菁英律師事務所合夥人布萊兒（Blair Riley），雖然可以安排兼職工作，但是卻不敢讓身邊的同事知道。她把兼職比喻為生病：「有一點像感冒。不是好了，就是離開。」女性通常把這個污名內化成自己失敗的象徵，這種污名還進一步破壞她們付出種種努力而來的成功，也削弱她們對於工作與職業生涯的依附。

母職障礙

在專業工作和主管工作領域，過勞文化加速出現。這種文化和進步緩慢的理想員工（也就是男性員工）模型，相互吻合，破壞了彈性工作的可行性，製造出大家口中真正的母職障礙。過去，法律禁止母親去工作，即使是老師這個最女性的職業也不行。現在，女性受聘進入傳統上屬於男性的領域，例如法律與商業，而且沒有人強迫她們離開，但是工作條件（尤其是一流公司）使得那些身兼母親（或想要成為母親）的女性，很難留在公司。這種全新的母職障礙，藉著加班以及對於彈性上班的敵意，讓留下來上班的職業母親減少，同時加劇了女性職業生涯的中斷與暫停，而如今這已成了常態。

選擇的落差

雖然這些女性詳述職場壓力的無情，還有她們用盡全力發展應對策略卻失敗的故事，但她們卻很少有被犧牲與受歧視的感覺。儘管她們親自感受到當媽媽受到的懲罰，但因為已經把職業的規範內化，所以沒有多少人會覺得自己被偏見與歧視所傷。她們不愁吃穿、瞭解自身所在位置的特權，她們的完美主義取向，以及強烈的自我能動性（personal agency），在在使得她們採取一種選擇的敘事（narrative of choice）。七〇%的受訪者，在訪談當中，常常提到「選擇」，像是「主動選擇」、「專業選擇」等等字眼。女性經常強調，她們在工作時所受到的任何懲罰，都是出於她們的個人行為與偏好。她們常常把自己放棄職業生涯的決定建構為「女性主義者」，指出第三波女性主義主要是個人選擇（這與第二波女性主義集中在結構的性別平等相反）。在這本書裡面，三十幾歲的人提到自己出於選擇是四十幾歲的兩倍。典型的受訪者是三十四歲的梅莉莎（Melissa Wyatt），她原先的工作是募款，她先從專職轉為兼職之後再辭職：「我會說自己是一個女性主義者。我喜歡今日的女性有所選擇這點，我覺得這至關重要。」

女性承受壓力的事實（缺乏選擇），以及用選擇來修辭（女性說自己決定辭職是種選擇）之間的矛盾，就是我所說的選擇落差。在行為上，這可以看成是女性想做的（延續職業生涯），以及女性實際作為（離開職場）之間的差異或落差。選擇的說法關注的是個人偏好，忽略女性，即使是能力不凡且有特權者，在面對強大制度時所遭遇的阻礙。出於自我選擇這個說法最極端的例子或許是，當女性暫停或結束自己投入大筆心力、心心念念的職業生涯時，這樣的行為竟被說成是她們選擇離開職場。我們的分析顯示，在享有盛譽、有權有勢以及有利可圖的職業中，女性一旦成為母親，她們繼續留在這種高要求工作的選擇反而受限。家裡的財富使得她們可以選擇離開職場，但是我們的研究顯示，這種「選擇」並不是出於個人偏好，而是因為她們這種工作的本質就是需要「全力以赴」，因而迫使她們必須在全力以赴與退出職場之間抉擇。

證據說話

我們的主要發現——成就斐然的女性中斷或暫停職涯的決定，深受工作條件的影響（同時加上家務性別分工持續的不平等）——這一點在之後針對自願選擇離開職場的一大批且持續增加的研究獲得證實。[8]研究中重複出現的主題是，以男性為理想設定的工作文化，在職場上扮演了關鍵的角色，這種文化不利於彈性工作，並且進一步懲罰想要尋求彈性上班的女性專業人士。針對女性大量入侵的前三種專業工作（法律、醫療與商業）的研究發現，婦女選擇退出職場比例最高的是商業，其次是法律，而最低的是醫療。三者的差別在於商業與法律工作時間較長且無彈性，醫療則是隨著從私人開業模式轉移到大型集團開業（像是醫療保健組織〔HMOs〕）而變得比較彈性。[9]另一份針對高成就女性的研究，同樣把辭職的決定，歸因於工作與組織因素，例如不彈性、歧視和缺乏升遷機會等等。[10]呼應了我們研究對象為此所做的努力，辭職的女性如果可以彈性工作並降低（也就是合理的）工時，她們會傾向繼續工作。針對金融業女性的研究同樣發現，女性離職是因為男性的職場文化，再加上不彈性的工作條件，尤其是期待更長的工時與隨傳隨到。女性請了產假回來之後，發現自己的責任減少，地位下滑，而且職位也被砍掉，這類似我們的研究發現，女性轉為兼職的時候，經常也是她們剛放完育嬰假回來上班的時候。[11]另一項研究的結論是女性，特別是專業女性，變成媽媽之後會被「趕出」職場。他們的研究發現，女性在變成媽媽之前，如果做的是比較彈性的工作，比較有可能留在職場。[12]研究還發現，女性所在的組織如果比較支持工作與家庭的平衡，女性在懷孕與當上媽媽之後比較不會蒙受污名，而這些女性在生完小孩之後離開職場的可能性也比較小。[13]

我們的主要研究發現，具體來說就是工時長或超時工作對女性退出職場影響深刻，而這方面的證據也越來越充分。社會學者車瀅珠（Youngjoo Cha）分析全美抽樣資料，證明母親（而不是男性或沒小孩的女性）每週工作超過五十小時的話，更有可能離開男性主導的職業，她們不是改到非男性主導的行業上班，就是退出勞動力。這印證了我們的研究——長工時和母職無法相容——在工時長的女性之中，媽媽離開職場的機率，比沒有小孩的女性高出五十二％。兼職的人，不論男性或女性，更有可能退出男性主導的工作，如我們的觀察，就是那些嚴守理想員工規範並因此懲罰了兼職人員的工作。如果只看離職的勞工（選擇離開），車瀅珠發現，超時工作這個因素，對於在男性主導職業工作的媽媽影響比較大，她們退出勞動力的可能性三倍於在其他領域工作的媽媽。男性超時工作，例如我們訪談對象的丈夫，比較**不可能**退出。由於超時工作的影響僅出現於在男性主導職業上班的媽媽，車瀅珠的結論指出（跟我們一樣），在理解女性為何離開男性主導的工作，以及為何離開職場時，「工作場所施予的壓力，扮演了重要的角色。」[14]

後續的研究也提到，丈夫的高工時對於女性辭職的決定是有所影響的。有一項研究發現，丈夫超時工作的女性（每一週工作五十小時以上），比丈夫正常上下班的女性，更有可能離開勞動力隊伍。[15]車瀅珠的另一個研究，也有相同發現，丈夫工時長的女性，辭職的機率甚至大於有小孩的女性。這個研究再次強調了工時長與女性是主要照顧者這個歷久不衰的文化假設之間的連結。[16]

我們研究當中的許多女性，都在決定辭職之前減少了工時，因此也就減少了她們對整體家庭收入的貢獻。研究發現，女性的收入如果占家庭收入的比例較小，她們也就比較可能離開職場。我們的解釋是，因為有丈夫較高的所得做為後盾，而使得太太得以留在家裡——這比較是丈夫決定繼續工作的理由，而非女性辭職的直接理由。儘管如此，女性經常拿她們的賺錢能力較低，來解釋為何她們的丈夫無法認真考慮辭職而她們卻可以，並以此合理化她們為何把丈夫的職業生涯視為優先。

展望未來：夢想遙不可及？

當我們第一次訪問研究對象，她們是全職的家庭主婦。她們不僅要面對自己長期追求的職業生涯突然結束，也必須適應一個全新以及充滿未知數的家庭主婦世界，而在她們的人生計畫中，絕大多數都不曾想過走到這一步。轉進一個「待在家裡」的世界，就和轉出一個工作世界一樣，都是非常重大且充滿挑戰的事情。女性開始擁抱家庭主婦的生活，但是只有少數人徹底放棄重返職場的希望。展望未來時，這些女性不再有過往的自信聲調。她們和那些在會議廳參加重返職場座談的女性一樣，她們在意的是自己重返職場的希望，將隨著她們待在家裡的時間而逐漸消逝。

凋零的夢？

在我們一開始的訪問裡，事實上，重新回去工作是所有女性遙不可及的夢想。一旦女性成為全職家庭主婦，每日陷入柴米油鹽的忙碌之中，她們重返職場的念頭也就慢慢模糊而且遠去。當她們嘴巴吐出具體的目標，那往往比較像是她們**不想**要做的事，反映的是她們先前職業長久以來對她們的拒斥。

生命一度走向康莊大道的女性，此刻發現自己眼前的路，漂泊不定，充滿不確定性。她們最想要的是（1）彈性，具體來說就是兼職，以及（2）意義。對於這兩者，她們必須看得離她們過去的職業遠一點，履歷上的那段空白，不僅讓她產生信心危機，也加重了她們的茫然感。如我們追蹤她們幾年後的發現，且如我們在後面的章節所見，留在家裡帶來的挑戰（與誘惑），斷開了一些女性重返職場的念頭，但是卻也帶來一些料想不到的機會。大部分的人確實重返工作崗位，但經常以一種我們第一次跟她們聊天時她們也料想不到的方式回去。我們跟她們都無法預見眼前這段「因為我退出這麼久了，所以毫無信心」的旅程。

第二章
家務特權的警笛聲

走向家務特權

梅格的老三出生之後，由於公司並不打算讓她兼職，她只好心不甘情不願地辭掉金融交易員的工作。離職的念頭似乎讓梅格十分恐懼，她和本研究眾多女性一樣，認定自己的身分認同來自工作上的成就。但是，在她回家當主婦一段時日之後，梅格的想法徹底改變。她三十七歲退出職場，四年後，我們對她做了第一次訪談，當時她的孩子分別是四歲、八歲和九歲，她看到了日常生活中到處有機會可以提升孩子的發展：「（孩子）不會正經八百地來找妳說：『媽，我真的需要和妳聊聊學校裡發生的一件大事。』而是在妳開車送他們去上鋼琴課的途中，從車子後座囁嚅地說：『媽，妳覺得這件事怎麼樣？』有時候，我覺得他們從我後腦勺跟我講話還比較簡單。」梅格繼續解釋，這些閒聊讓「我在匆忙中可以給予小孩許多道德和人生指引，如果我不在這裡、不在他們身邊，那可能會由其他人替代或是看不出……他們想要談談的跡象。」

隨著對於自己待在家中重要性的認知不斷改變，梅格重返職場的計畫也有了變化。起初，她仍然抱定決心要回到前老闆那兒工作，她說：「我總覺得自己會回去，那扇門完全為我敞開。」但是到了四十一歲（也就是我們第一次訪談時），她宣稱自己「處境不可同日而語。」現在，她心甘情願地把職業生涯擱置得更長：「我女兒十月就要滿十歲了。她和我在一起的時間只剩下八年多，然後她就要去讀大學了。接下來就是另一個女兒，然後是兒子。我快要五十歲了。如果我真的想要去上班，我還有二十年的時間。」到了第二次訪談，梅格來到五十一歲。小孩幾乎都升學了，她九年全職在家之後，於兩年前重返職場。[1]儘管她對於在一家小型非營利教育組織擔任發展主管這份新工作充滿幹勁，但她人生的發展顯然已經完全偏離原本的軌道。

正如梅格的故事所揭示的，一旦女性做出離職這個艱難的決定，她們經常且出乎意料地離開勞動力市場許多年。我們的追蹤訪問發現，大約有五分之一的女性並未回到職場，而且近期也不做此打算。但是在剩下的五分之四裡頭，根據我們的追蹤訪問，女性平均全職在家的時間是十年。重要的是，很大一部分重新進入職場的女性並不是**一直**脫離勞動力市場，而是短暫地進進出出兼差，同時把家庭責任置於優先（這個模式在下一章會進一步討論）。從這些女性的起點來看，這種較為常見的離職型態其實相當驚人。如第一章所述，我們的參與者滿懷抱負且事業有成，幾乎每一個人在自己的領域都是快速崛起的佼佼者。許多人有了第一個孩子之後都還持續工作，她們是不得已才辭職。因此我們要如何解釋這種典型卻令人吃驚的離職後空白呢？

這些女性除了被有效地排除在缺乏彈性、工時冗長的工作場所之外，她們也不大願意馬上重返職場，因為這群人為了家庭，一直需要工作的彈性。然而，這裡還有另一個更深層與更令人吃驚的變化。一旦回到家中，這些女性竟然越來越接近我們所說的「家務特權」（privileged domesticity）。隨著時間過去，她們在家當母親的新生活創造了一種對於母職、社區志工活動以及傳統家務角色的高度涉入，非正式的說法就是，她們在丈夫賺錢的時候負責「烤麵包」。女性對於家務的投入越來越深（還有那個電視劇《廣告狂人》〔*Mad Man*〕的家庭分工），顯然是受到這些女性家裡有錢的影響以及推波助瀾。上述情況的出現，是因為底下與我們受訪者經濟與社會特權密切相關的兩個理由：（1）她們逐漸意識到自己身為家庭主婦和地位維持者，對於強化這個家（尤其是小孩）的階級成功與幸福相當重要；（2）她們發現在經濟無虞的情況下，家務所帶給她們的樂趣。第二項與她們（做為一位家庭主婦）有能力花錢找人做一些瑣碎的家務事有關，像是打掃家裡，如此一來，她們就可以更專注在一些有意義和令人愉悅的事情上，例如密集的母職、社區工作，以及擁有更多的休閒時間。經過一段時間，走向家務特權在許多方面都帶來豐厚的回報，但同時也增加女性對於家庭的依賴和從屬地位，使得她們完全並即時重返職場變得更加困難，也更不可能。

為了這個家好：培養家庭財富

如同我們在梅格的故事所見，一旦女性回到家中，就會更加配合與回應家人日常生活的節奏、例行瑣事以及各種需求（尤其是她們的小孩，還有她們的丈夫，有時候還有她們年邁的雙親）。她們切斷前程似錦的職業生涯，以便好好打理自己的家庭，她們重新調配自己的野心、精力和不凡的才華，確保丈夫和孩子可以在職場上或學校裡達到最佳成就，我們將此稱為「維持地位」，藉此區分照顧和家務工作。一段時間之後，這個過程也會將她們牢牢地嵌入高度分化與傳統的性別角色之中。不論她們是否直接意識到這一點，女性做為全職母親還有妻子，以嶄新的能力提供密集的「幕後支持」，有助於實現典型中上階級的策略，盡量擴大家庭的經濟與社會優勢。[2]

拉抬「他的」前途

這些女性說到，生小孩之前，她們在婚姻裡和丈夫平起平坐，往往擁有相同或類似的學歷和工作條件。但是，隨著孩子出生，家務與育兒方面的事情變得更加「傳統。」這些女性幾乎與一般女性無異，承擔絕大部分的家務勞動之責，包括照顧孩子和年邁的父母，以及監督處理家務時各種數不清的責任。由於丈夫的工作要求很高、工作時間很長，他們無力幫忙分擔家庭責任，這也可能掩蓋他們無意做家事的事實。無論是哪一種，丈夫在家庭生活中缺席的結果，深深影響女性離開職場（以及一開始縮手）的決定，因為落在她們身上的，不僅僅是要補上丈夫的空缺，還要創造一種「家庭」感。以下就是一個實例。過去在華爾街工作、體貼、熱情洋溢且頂著一頭紅髮的瑞秋（Rachel Berman），回想丈夫的新職位如何影響她留在家裡的決定：「我先生三個月前獲得另一家投資銀行的工作，我們都清楚他接下來的生活將有如地獄，因為他現在是到（一家著名公司的）併購部門工作……因此，我們明白他一整天都要出差……而我們決定應該要有人留在家裡多注意小孩，因為現在我們已經有第二個孩子了。」儘管女性的工作對她們的要求通常和男性一樣高，但她們往往把先生的工作視為首位，而把自己的工作排在後頭（尤其當她們的收入較低，甚至收入高過丈夫的，也是如此）。這一項發現呼應其他研究的結果，證明變成父母身分就意味著婚姻中性別的不平等會加劇，這時傳統性別角色的觀念會來到前頭，把男性的職業默認為首要地位。[3]這種社會學家口中「男性職涯的霸權」（the hegemony of the male career），在上層階級和中上層階級之間的婚姻最為明顯，因為丈夫不凡的賺錢能力，使他們完全有理由免去家庭勞動之責。[4]

正如前面討論所指出的，漂向（drift to）家務是婚姻裡的變化，有些媽媽在完全離開工作崗位前就已經陷在裡頭。然而，許多女性表示，一旦她們辭職回到家裡，先生只會越來越依賴她們照顧小孩與料理家務。有些女性觀察到，自從她們全職在家之後，先生乾脆就停止幫忙他們眼中只屬於老婆的雜事。毋庸置疑，這些大致上並未明說的變化，又因為女性離職回家失去經濟談判能力而加劇。蘿倫（Lauren Quattrone）說自己在有第一個孩子而離開律師工作前和先生是「共同決策者」：「生小孩之前，我們倆都在上班，生活似乎沒有那麼複雜。我們分得很公平。但是當我不再上班之後，大部分的家庭責任自然都轉移到我身上。你也知道，他的工作是上班，而我的工作就是賺錢以外的所有事情。」

鑲嵌在這些傳統分工裡的性別不平等，通常要經過訪員的一番探究才會浮現，但幾乎沒有人說話的語氣帶有明顯的不滿。然而，證據表明，有些夫妻，尤其是丈夫，可能試圖掩蓋或美化這些動能。例如，四十一歲第一次接受我們訪談的梅莉莎表示，她那位創投資本家老公「老是」用生意比喻（帶有中立性與平等性），指涉梅莉莎在生了老大、辭掉非營利組織主管工作後發展出來的傳統家務分工：「他是創收，我是營運。」梅莉莎或許已經看出這句話的委婉之處，所以也開始用同樣的話術達成自己的目的：「我總是對他說，『喂，有時營運也需要一點幫助。』」

身為一名全職在家的女性，她讓丈夫更能夠「全職」（即二十四小時全年無休）投入工作。在這個工時超長（經濟學家稱之為「過勞」）的時代，漫長的工時逐漸成為高學歷專業人員和管理人員的常態，女性全心全意在幕後支持，顯然使先生能夠對自己的職業生涯重新充電並超載。[5]一度在高科技產業擔任行銷經理的娜塔莉（Nathalie Everett），描述自己全職擔任家庭主婦，如何使丈夫能「充分利用自己的時間（並）更加成功……因為他可以把全部的時間都專注於自己的工作。」儘管有助於「提升」丈夫的事業並不是女性決定離開工作的動機，但隨著時間流逝，夫妻倆逐漸瞭解這種策略帶來的經濟和家庭利益。第二次接受訪談時，六十出頭講話輕聲細語的麗莎（Lisa Bernard），說到自己公私二分的婚姻演變彷彿一個「反饋迴路」（feedbackloop）。隨著她一步步從醫療事業的主管放手到最終放棄工作，丈夫的事業則是蒸蒸日上。比方說，自從她辭職以後，先生已經當上院長，最後還在他任職的著名研究型大學的另一所分校獲得合聘。她繼續說：「我覺得我們兩人都心照不宣。隨著他越來越忙碌，我為家庭騰出更多時間與彈性，也就顯得更為重要。」

有一些女性坦言，她們全職在家有時會出現「附加價值」，再加上先生明顯偏好這種安排，也使她們無法重返職場。梅莉莎曾在先生工作不穩定那段時間提出重返職場的想法。但是，根據梅莉莎的說法，先生根本就不把這當成選項，他說：「妳在說笑嗎？如果我們倆都必須按時上下班，我就不能做自己要做的事。我的意思是，我們無法再塞入另一個人的工作時間、另一個人的……，這樣會平衡不過來，妳在家打理家務超級有幫助，讓我可以百分之百專心工作，把工作做好，並且知道家裡大小事都有人照料。因此，我不想用這些來換一份非營利組織的薪水。」請注意，她丈夫的這段回應隱含著計算。梅莉莎在非營利組織的收入潛力根本就不如她在家中被感知的價值——**創造家庭**（creating family）且幫助先生盡可能在金融業（但長工時）多賺一些錢。其他人的先生也都打著同樣的算盤，在他們眼中，妻子當一名全職家庭主婦是雙贏，可以改善他們的工作**和**家庭生活。

女性自己也經常做同樣的計算。一般來說，她們把自己的工作而非丈夫的工作放在帳本上的

「成本」欄，並且認為「為了整個家更大的利益」，她們不得不犧牲。過去曾是註冊會計師的黛安說：「我分析過，『這些是我帶進的收入，那些是為了請人照顧小孩之類的開銷。』最終，跟整個家庭所承受的壓力相比，工作根本就微不足道，在經濟上毫無價值。」

從事工作與經濟研究的社會學家指出，過去幾十年來，專業工作和管理職工時漫長的現象越來越普遍，加上與「超時工作」相關的時薪獎金或分紅陡升（這種分紅在傳統以男性為主的職業當中特別高）。這些趨勢的起因，一直和美國社會日益嚴重的階級不平等息息相關。其中包括經濟中龐大的結構轉移，以及在菁英職業裡贏家全拿或錦標賽式（tournament-style）補償制度的激增（例如在法律界、學術界以及某些銷售和商業環境的「升等或走人」的晉升階梯）。這些體系慷慨獎勵超時工作並懲罰那些不願意或者不能遵從的人。[6]不論起因為何，選擇退出職場之後繼續留在家中，對中上階級的家庭來說，顯然是理性的策略（他們的家人在競爭日益激烈的高階行業工作）。這是在不犧牲家庭生活的情況下，盡可能擴大養家者收入能力的方式。但是選擇退出職場也是一種高度性別化的策略，以犧牲太太的前途為代價，推進丈夫的職業生涯。

不是你母親那種家庭主婦：兒童、學校和規劃栽培

一九五〇年代的電視情境喜劇《天才小麻煩》（*Leave it to Beaver*），裡頭的瓊（June Cleaver）花了許多時間保持家裡一塵不染，並為家人烹煮精緻的菜餚，但我們採訪的女性卻有不同的重

點，她們最在意且認為最重要的是做為母親的角色，而不是家庭主婦，她們尤其在意自己對於培養孩子學業成功以及「全方位」發展的責任。如同我們所見，這些女性絕對不「只是家庭主婦」。相反地，她們是孩子課外活動的編導，她們是孩子課業上的教練和支持者，也是整個家庭的家庭規劃師。女性經常花大把時間將小孩從這項課外活動送到另一項課外活動，幫助小孩克服在小學課堂上遭遇到或是日常家庭作業遇到的問題，緊盯他們各個社交和情感的發展階段，促使他們參與各種豐富的教育和文化活動，並且通常會監督他們做為個人和「世界公民」的成長和發展。一旦女性離職回到家中，她們在子女生活各方面的高度參與，就成為她們轉向家庭的關鍵因素。

事實證明，對於所謂好母親的過度期望，不僅僅涉及高成就母親的職業生涯中斷，同時也代表著當代美國母職的主流文化模式，亦即社會學家雪倫・海斯（Sharon Hays）所說的「密集母職的意識形態」（ideology of intensive mothering）。這種育兒模式是「以小孩為中心、專家指導、情感投入」並「建議母親花費大量時間、精力和金錢養育孩子。」[7]如上所述，這些理想並不限定在上層階級或中上階級，但社會學家發現，這些階級的女性可能更敏銳配合密集母職的訊息（當成專家的忠告而放在心上）。由於她們擁有更多的資源（教育、經濟等各方面），也就更有能力把嚴格的理想付諸實踐。

確實如此，根據一項重要的研究，一提到如何落實養育子女，社會階層似乎顯得特別重要。社會學家安妮特・拉蘿（Annette Lareau）發現，相較於窮人與工人階級，她所研究的中產階級與中上階級家長（主要是母親），實行的是資源與勞動更密集的育兒形式，她稱之為「規劃栽培」(concerted cultivation)。[8]顧名思義，這種養育方式的重點是透過異常忙碌且有組織的活動，以及密切關注與鼓舞孩子的發展需求，培養孩子的才能。拉蘿發現，即使「規劃栽培」造成中產階級家庭的焦慮以及瘋狂的生活方式，但也提供兒童過渡到成年期各式各樣的社會優勢。這些優勢包括具備更多的信心與技巧，讓他們走過學校與職場當中重要領域的考驗並獲得成功（這些領域已經充分反映中產階級的價值觀和標準）。重要的是，她的研究還說明（且得到其他人的證實），「規劃栽培」是中上階級女性維持地位很重要的一種教養風格，也是這些家庭傳承與維持階級特權很關鍵的促成因素。[9]

職業女性憑藉自身階級的優點，無論她們在家庭以外的地方是否有工作，都會投入「規劃栽培」。事實上，想要盡可能參與子女的學業和人際發展（尤其是當小孩的年齡逐漸增長），是一些女性最初決定辭職的重要因素。丹妮絲在藥廠主管這個相當緊繃的職位一直做到小孩九歲與十二歲，但這一次因為孩子的成長，她的態度也發生改變：

> 我只是覺得孩子已經上了七年級和四年級，似乎到了……褓姆沒辦法照料……的年紀……當他們小一點的時候，需要別人對他們好、餵他們吃飯、照顧他們、對他們微笑……但坦白說，隨著他們逐漸長大……會開始問問題……妳很清楚，當妳從學校載他們回家，他們問

的問題讓妳吃驚，這時妳的回答就非常重要——這與妳的**價值觀**息息相關，而且會在他們問「我什麼時候有餅乾吃？」之前就先提出。

正如丹妮絲所言，隨著小孩越長越大，女性之間有一個共同的念頭，那就是灌輸**她們的**（而非褓姆的）「價值觀」很重要。「**價值觀**」這個字經常出現，以至於我們開始將它理解為一個暗語，描述女性可以因著她們特有的階級特權對教養的影響（品味、偏好、教育傾向等等），來傳遞社會優勢與地位。

然而一旦女性離職回到家中，就會進一步強化母親一職（現在是全職工作）。她們通常會說自己對於全職育兒的重要性有了強烈的感覺與信念，而這種想法則**不斷增強她們對於母職的投入**。正如我們和梅格所見，強烈感受到這種信念的女性，有許多人一開始並不是因為母職強大的吸引力而離開職場，這也使得這種感覺的浮現更令人吃驚。

常春藤聯盟的羈絆　女性的母職強化特別表現在渴望自己能在學業上拉小孩一把。這些女性在學校裡大部分都成績優異，而這無疑大大增強她們的動機，並意識到自己有責任培育子女的智能，提供孩子最大的學習優勢。正如凱特所言，許多人也喜歡這個過程：「好笑的是，我居然以為自己已從六年級畢業了，因為我都是自己完成課業；我現在則是和奇拉（Kira）一起完成。昨晚我協助伊利絲（Elise）寫論文，我真的很喜歡參與他們每一天的生活。」

想要在孩子求學過程中扮演重要的角色，乃是許多女性延後重返工作崗位和（或）延長她們離開有給工作的關鍵因素。伊麗莎白的初次訪談，大多在聊她之前在一家一流公司擔任管理顧問的各種細節，但到了第二次訪問時，她已經把自己主要的心思還有熱情轉移到緊盯孩子的課業。已經當了九年家庭主婦的伊麗莎白說，自己並不打算立即重返職場，因為「〔孩子們〕從我的參與獲益良多，如果我在上班的話，他們就無法獲得這些。」前華爾街交易員瑞秋頂著菁英商學院的ＭＢＡ學位，在我們第一次訪談時透露，近期不會重返職場。瑞秋擔心的是自己九歲的女兒顯然沒辦法自己應付作業。她呼應了丹妮絲的說法：「褓姆根本做不來」，瑞秋解釋說：「我的褓姆沒辦法和我九歲的孩子坐下來寫數學作業。因此，如果我下午不在家幫忙，我想作業根本寫不完。我覺得她會為此感到沮喪，然後在學校就不會有好表現，問題會越滾越大……。」

一旦女性留在家中，就可以敏銳地察覺到小孩成長和學業表現的各種細節。任何偏離發展常態或期望（無論多麼細微）的可能，都是她們要把握住的干預機會。女性願意竭盡全力（通常是費時）為自己的孩子發聲，解決小孩求學過程遭遇的任何問題。這包括尋求昂貴的自主測驗、治療、諮詢和家教，還有診斷和改善學習問題（有時學校老師並不認為有這些問題）；把小孩轉到寄宿學校或其他專門的私立教育機構，以確保他們受到更多個別的關注，並且（或）在課業上獲得豐富的支持；在少數情況下，甚至還可以讓她們的孩子在家裡自學。

兩名母親加入了所謂的「學業紅衫」（academic redshirting），也就是讓有可能是班上年紀最小的孩子延後整整一年再進入幼稚園或一年級。這樣做的目的，是為了讓孩子在班上更有發展優勢（或避免陷入劣勢），這是富裕白人家庭最常見的做法。[10]在這兩個例子中，母親都想讓孩子參加紅衫計畫，以克服已知（年紀小）的學習問題。其中一位母親梅莉莎抱怨，有些父母做這件事情時並不老實（就是幫自己平凡的孩子在班上名列前茅）。她也承認這樣做，會逼著其他父母有樣學樣，就為了讓自己的小孩在課業上出類拔萃。

但是在教育軌道的另一端，有些女性則大張旗鼓地推進孩子大學錄取的過程——這對許多支持孩子學業發展的父母而言可以說是終極目標。為了提高子女進入菁英大學（尤其是常春藤盟校）的機會，這些母親積極參與規劃子女申請大學的程序。只要一有問題，像是動機不足或成績不夠突出，就可以透過專業的大學諮詢和一對一服務，積極處理任何的問題。

曾是頂尖公司律師且畢業自常春藤盟校的布萊兒坦承，自己給獨生女艾琳極大的壓力，要女兒跟她一樣讀常春藤盟校。她說：「這件事讓我異常焦慮。」雖然女兒在視覺藝術上有著天馬行空的才華，但布萊兒還是擔心艾琳的競爭力不足，因為她的成績還不夠完美，也缺乏明確的生涯規劃。女兒就讀的那所知名寄宿學校的指導老師，確認了布萊兒的恐懼，她提出令人崩潰的建議：艾琳**只能**申請一些布萊兒之前聽都沒聽過的大學，沒有任何一所常春藤盟校。「我很失望，而她感到失望的主要原因是，她知道這對我和山姆（我的丈夫）都很重要，因為我們兩個都是（常春藤盟校），而山姆的父親曾在同一所常春藤盟校任教；還有他的哥哥，我的意思是——至少可以說，這件事非常重要。」

布萊兒下定決心要證明指導老師看走眼，她開始嚴格執行計畫，以確保女兒可以進入頂尖大學，最好是進入她和先生兩個人讀過的學校。她說到指導艾琳申請大學的過程：「我必須承認，我陪著她一次又一次看過她的論文。我和她父親都經歷過大風大浪，什麼都見過，我們拜訪每一個認識的學者。」全力以赴地努力，最終獲得回報，艾琳父母讀過的那所極具聲望的大學，還有另外一所常春藤大學，都錄取了她。艾琳特別喜歡後面這所學校，最終也決定要去那裡就讀。

更多的課外活動

今日有錢家長「規劃栽培」的關鍵，就是讓孩子盡可能從小就參與各式各樣組織良好的活動。這些活動有時可能是孩子休閒快樂的來源，但從父母的角度來看，這些活動有更為正經八百的目標。藉由鼓勵孩童廣泛參加各種課外活動，父母希望發現並培養小孩特殊的天賦和能力。也許，家長承認這些活動可以幫助孩子從中獲得社交技能、態度和氣質（這些就是社會科學家所謂的『社會資本』），讓他們在學校和職場更上一層樓。[11] 女性知道自己身為一名家庭主婦所扮演的重要角色，就是無時無刻都可以開著車載著小孩，到遠處（有時候要跨州）參加體育活動、練習、社團開會，還有比賽。

許多女性大量參與孩子的課外活動（尤其是在小學和中學階段最多），投入的時間簡直和兼職工作一樣多。凱特細數三個女兒（年紀從十歲到十四歲）參加的一連串令人眼花撩亂、豐富充實的活動，每一個小孩每週分別有六到八個行程。值得注意的是，有一些活動需要大量的時間、心力、計畫、能力、資源和設備等等接近專業的活動。例如，三位女兒都參加了菁英游泳俱樂部，俱樂部要求每週練五次，有時候週末還要一起游泳。不只如此，三個女孩也都是划船俱樂部的隊員，老二的表現很傑出，所以經常要參加在各地舉辦的全國比賽。凱特描述這些耗時的活動時，語氣很溫和，完全不談自己的犧牲付出：「划船是一項家長要自己動手的運動，設備非常笨重又占空間。我有一台拖車可以掛在休旅車上面，這樣才能將她們比賽的賽艇載到不同的地方。當她們划船時，幾乎就是一整天的活動：上午八點半之前準備好，大約下午四點左右才離開水面。所以我有很多時間在附近等待，這也讓我可以好好看書或織毛線。」值得注意的是，原本有意重返兼職工作的凱特，已經決定等到秋天，也就是女兒嚴酷的夏天划船季節結束後再去找工作。

律師貝蒂娜（Bettina Mason）已經當了十九年的全職家庭主婦，她對於自己的犧牲並沒有那麼樂觀。隨著孩子現在已經長大，她語帶諷刺地回想過去因兩個女兒半職業地參加足球和網球，導致她的載送負擔非常大：

> 比較優秀的網球俱樂部要二十分鐘車程，來回總共四十分鐘，在那裡等她們上課，實在沒有太大意義，因為她們每一次上課要兩、三個小時，一個禮拜三到四次。但我確實這樣做了……記得那時候會覺得需要放一台微波爐在車上，還有冰箱……有時候妳心裡會想「ㄟ，她們真的知道我曾是一位律師，在一間大律師事務所上班嗎？」因為，實際上我現在

的感覺就像〔笑〕是一名傭人。只是，有時候會有這種想法，但顯然我心甘情願做這一切。

儘管語氣中不大聽得到抱怨，但貝蒂娜的說法揭示了背後的現實：女性對子女未來生涯發展的投入日益增加，卻讓她們自己的生涯付出沉重的代價。

自願做密集母職與地位維持　弗朗西絲（Frances Ingalls）語重心長地說：「我是個全職媽媽，但事實上並沒有花太多時間在家裡。」她曾經在公立學校教書，過去二十一年來大部分的時間都沒有從事有薪工作，而是忙著在社區擔任志工，將心力放在另一份無給職的事業。弗朗西絲多年來投入各家致力於女權議題的非營利組織，她發揮各種領導能力，像是擔任理事、募款人，甚至是其中一家組織的創辦人。一般來說，她每個禮拜大約花十到二十個小時在這些活動上面。

她對於擔任志工滿腔熱血，弗朗西絲既是我們眼中常見的女性，但又有罕見的一面。她就和其他許多女性一樣，離開職場後，馬上投入社區裡各式各樣的志工活動，以此取代她覺得居家生活所缺乏的一些東西，例如人際關係、精神刺激和目的感與成就感。她就像其他女性一樣，願意花大把時間和技能在這些活動，而且投入程度越來越高，甚至到了職業水準。

但是在某個重要面向，她又有點不同於一般人。我們採訪的女性之中，擔任志工的目的，幾乎都是為了提升自己的社區生活和家庭生活。幾乎沒有什麼人像弗朗西絲這樣，將自己的時間和技能奉獻給慈善活動或政治與社會事業，讓這些事情帶來的益處超過自己的社區或社會領域。

由此看來，這些女性離職在家後從事的高階志工活動，可以視為她們母職和維持地位角色的延伸與進一步強化，因為這些無薪活動大多是為了規劃栽培子女的社會資本和課業資本。值得注意的是，女性越賣力做志工，往往也就會更投入家庭事務，並且遠離有薪水的工作，即使這會擴展她們在家庭以外的活動。

雖然她們擔任志工的角色五花八門、形形色色，包括班級媽媽、家長教師聯誼會會長、主日學老師、科展組織者、學校募款人、童軍團長、學校或教堂董事會主席等等，但迄今為止許多人的重心、最受歡迎的志工活動，仍是在他們小孩的學校裡。學校的志工工作幫助她們走進小孩在家庭以外的世界，包括教室、操場、同學與同學的家長，還有小孩個別層面的生活，這些她們都想充分參與。這項工作也提高她們對學校職員的影響力，從老師到行政管理人員。唐娜（Donna Haley）細數自己大量參與的重要動機（其他女性或許比較能體會）：「我在各所學校當志工發現了一件非常有用的事情，那就是這些活動真的有助於你和（社區中）『有權有勢』的人建立關係。」

正如唐娜上面的說法，女性充分意識到自己參與這些高階的志工活動，得以提高自己在社區和子女在學校中的形象和影響力。過去是行銷經理的派翠莎，已經在孩子就讀的私立中學（後來也在孩子就讀的兩所菁英大學），連續擔任更高階也更有聲望的董事會董事。她興高采烈地談到從中獲得的地位和成就感：「我想這可能是我感到全心投入並覺得有價值的最好例子，我真的可以運用各種技能和知識技巧、個人技巧，以及所有我熱愛的領導才能，而且我覺得自己做得很好。那裡的董事會表現很傑出、知識水準很高，是一個真正有活力的董事會，於治校扮演非常積極的角色。……這是一個非常棒的董事會。因此，我曾經兩度擔任策略委員會的主席。這真的帶來很多活動，而且對我來說實在非常非常值得。」

尤有甚者，許多女性投入了教育基金的募款工作，有的在她們孩子的學校，有的在當地社區裡的教育基金會（募資來豐富本地學區的活動）。女性通常將這些活動視為直接手段，藉著她們高超的做生意與專業技巧來擴大或增強孩子學校的資源。梅格也一頭栽進本地學區的教育基金會。她最終成為募款總監，在經濟大衰退那段時間，代表孩子的公立學校募到超過二〇〇萬美元的資金，用以充實學校圖書館，徹底升級教室的資訊設備，並邀請作家和藝術家來上課以豐富課程。儘管她的孩子偶爾會開玩笑說她把所有時間都拿去做志工，但梅格清楚孩子「感到非常驕傲，因為他們在自己的教室裡，就能看到這些活動帶來的好處。」

諷刺的是，這些令人印象深刻的志工募款活動都是在那些經費充裕、資源豐富、以及「一流的」公立學校學區和私立學校學區。比方說，梅格本人提到，自己小孩就讀的當地中學（也是她募款活動的受益者，長期以來都被視為郊區超強的公立學校體系之一），最近才被一份全國性的新聞雜誌評為全國排名前一百的學校。因此，這些女性才華的「回饋」，主要是豐富了她們原本條件就已經很好的家庭與社區（加劇貧富之間的不平等）。

有些女性投入的志工工作旨在幫助「有需要的人」，但這通常只是伴隨著主要目標而來，她們並不以慈善為出發點，而是要教育孩子在他們富裕的郊區之外更廣闊的世界，並灌輸他們「正確」的價值觀。女性志工參與的情況緊緊跟著子女學校和課外活動的起伏。唐娜的話，很有可能是許多女性的真實想法，她坦承自己的志工工作主要是綁在自己小孩的教育參與，「當小孩離開校門那一刻，我根本就不會再做這些事情了。」

世代加速：為母過度疲勞　即使我們訪談過的每一位女性都做了規劃栽培的密集母職，但有不少人看到其他家長也採取同樣做法時，卻充滿批判。她們對於高度投入育兒工作的後果憂心忡忡，嚴厲批評她們眼中「過度安排」（overscheduled）的童年，以及對兒童的密集施壓。弗朗西絲特別指出：

我的煩惱之一是，父母過度安排孩子的時間。有一件非常不同於我們小時候的事，現在的父母親很熱衷於提供孩子一切的經驗與物質。我們住在有錢人的地區，所以這一點更為明顯。但是我遇到很多父母，他們讓孩子一項活動接著一項、另一項接著另一項活動。孩子從來沒有任何休息的時間。那真是個大麻煩……同一批父母會讓他們的孩子一週上五天芭蕾舞，因為他們六歲的時候就開始競爭……這樣簡直是要培養奧運選手。因為我們可以提供一切資源，我們的孩子就要成為最好的。

楠曾經非常擔心自己的么女對課外活動意興闌珊，同一次採訪的後段，她卻抱怨其他母親在孩子身上施加不健康的壓力：「我**每一個**小孩都帶著故事回家，誰跟誰的媽媽所講的話，像是：『她說如果他參加一個社團，再加上SAT分數**和**在校成績，就可以申請到常春藤盟校。』」

有些媽媽忿忿不平地說做為這些嚴格標準的執行者，讓她們備感壓力。現年三十九歲的莎拉（Sarah Bernheim）曾是行銷主管，接受追蹤訪問的時候還全職在家照顧四個年幼的小孩，她說：「我認為現在的父母神經繃得太緊了，做得太多，並且認為他們必須為孩子**做**更多事情。他們必須讓他們上**每一種**課程……必須讓他們參加**每一項**活動。」

幾位女性都點出，目前撫育孩子的新壓力，幾乎**要求**其中一個家長選擇退出職場（顯然是母親），曾是非營利組織高階主管的梅莉莎提到：「我認為照顧孩子變得越來越困難，這就是為什麼我認為很多家長選擇其中一人留在家裡。全心全意安排孩子的行程，並為他們創造良好的環境。」

當我們要求這些女性思考自己和父母那一代在撫養子女做法上的異同時，最常出現這樣的評論。這些女性幾乎異口同聲地說，現在的父母有更多且更大的壓力要積極參與子女各方面的生活。正如上一代專業人士和管理人員的工作「加速」（speedup）一樣，研究也指出，育兒工作也在「加速」，而理想母職的要求也不斷強化，特別是在富裕人家之間更是如此。這些理想可能會讓貝蒂娜這樣辭掉律師、全職在家陪小孩走過孩提與青少年歲月的母親，覺得自己「如果沒有時間全心投入，就是個不適任的母親。」時間分配的調查反映出此種樣態，當代母親每週花在育兒的時間比起一九六〇年代母親大約多了三〇%。[12]

更具體地說，針對當代專業和管理階層育兒策略的研究表明，密集化育兒的理想及做法，可能是在回應變化多端、更不穩定的經濟環境，在如此不確定的環境中，現在中上階級的家長更無法確定自己的孩子有沒有能力複製其特權階級的位置。[13]例如，社會學家瑪麗安・庫珀（Marianne Cooper）研究不同階級背景的家庭如何應對日益嚴重的經濟不安全。她發現中上階級的家長敏銳地意識到（相對於工人階級的父母親更明顯）經濟全球化日益增強的競爭本質，這「加劇他們對孩子最終表現良莠不齊的焦慮，也提高他們對孩子的期望。」[14]在她的研究中，富裕家庭的特色往往有一位負責養家的過勞父親，和一個受過良好教育留在家中照顧小孩課業與社會發展的全職母親。這項研究和我們的研究都指出，選擇退出職場並轉向家庭，可能是中上階級家庭越來越擔心地位不保而有的反應，他們透過加倍努力來維持自身的階級優勢。

所有人的照顧者　一旦回到家裡，女性經常變成大家眼中的照顧者，不僅是自己的子女，還有年邁的父母、公公婆婆，以及家族裡其他需要照顧的人。對於一些女性來說，這成為延長她們離開職場時間的另一個因素。她的先生、兄弟姐妹和家族裡其他人似乎假定，因為這些女性已經在家，所以她們有時間也有意願扛起家族裡每個人的身體健康照顧以及老年人照顧的責任。女性願意一肩扛起，有些人也的確樂於承擔。米爾拉（Mirra Lopez）過去是一名工程師，接受追蹤訪問的時候，她已在家待了十二年，也成了負責照顧年邁父母的人（她每週要照顧八到十個小時）。米爾拉的性格平靜，待人親切，她說：「我確實承擔了更多照顧父母親的責任，因為我又再度掉入『我有時間且願意』的圈套。我甚至不願意讓我的兄弟插手，因為我說：『我會搞定的！』」

丈夫的工作塞得滿滿的，而且也缺乏養育子女的能力（就是這種情況迫使女性脫離自己的職業生涯），這也意味著他們無法照顧自己年邁的父母；因此，女性也經常成為她們公婆年老時的主要照顧者。正如阿曼達所言：「家裡的公婆有一些健康照顧問題。先生的母親中風，接下就有很多事情要處理。大家一直以來都把我視為理所當然的家庭醫療總管（笑）。」

有些女性受訪時提到，就算兒女幾乎或是完全離開家裡，但照顧長輩是她們一直無法重返職場的原因。外表纖瘦、活力充沛、曾擔任行銷主管的派翠莎在接受追蹤訪問時，她的兒女都已離家，那時她已經離開職場十八年。她描述了自己如何處理父母一連串嚴重的健康問題，包括對抗最終奪走父親性命的侵略性癌症，還有八十五歲母親的兩次心臟病發作。雖然派翠莎曾經異想天開地想重返職場，但她和先生都同意，「對我來說，重要的是生活有所彈性，可以讓我放下一切。」

發現家務特權之樂

一旦女性回到家中，經過初期的矛盾和許多驚奇之後，女性會發現全時投入母職和社區志工的樂趣與回報。這些發現增加她們待在家裡的意念，也讓她們進一步漂向家務特權。

或許對女性來說，待在家裡最令人愉悅的一面，就是有時間以更悠閒的步調呼吸、放慢節奏過日子。較為緩慢的步調，讓女性充分體認到為人母內心的滿足感。那些工作一直很忙碌的女性，對此反應最為強烈。丹妮絲曾熱愛自己在製藥公司的高階主管工作，但隨著藥廠重組且變得「越來越像公司」，她也越來越倦怠。根據丹妮絲的說法，這表示她那時被期待要做「三份工作」而不是一份（而且薪水沒增加）。同時，丹妮絲開始覺得夫妻兩人（她先生是一間公司的律師，上班時間很長）正錯過兩個小孩青春期初熟的歲月。決定辭職的那晚，丹妮絲意識到：「我覺得我們買下了一切，但卻不曾擁有一件我們夫妻倆都想要的東西，那就是陪伴小孩的時間。」

這呼應了不少女性的說法，丹妮絲內心有一種從繁重工作要求中釋放出來的喜悅，女性很珍惜這些多出來的時間，只是和孩子一起出去玩，開心地看著小孩成長，而且這些感受往往不會隨著時間流逝。瑪麗娜（Marina Isherwood）接受追蹤訪談時已經重返職場，離職的十年間，她待在矽谷的富人區照顧孩子，她對此一點也不後悔：「我很高興在（孩子們）中學和高中時可以在家陪他們。這可能主要是為了我自己……我喜歡去看籃球比賽，還喜歡去看棒球比賽，也喜歡聽爵士樂隊。待在家的時候可以做這些事情，實在令人開心。這樣不但不會錯過任何趣事，同時也不會錯過孩子有可能誤入歧途的跡象。」

選擇退出職場也開啟女性在生活中變成專業志工的空間，許多人從中獲得很大的滿足感。

事實上，她們經常從社區服務中獲得很大的意義、地位及樂趣，一點也不輸甚至超越她們過去在職場上的經歷。志工的樂趣以及家庭本身的彈性，降低女性迅速重返職場去領薪水的誘因。實際上，它讓一些女性即使處於空巢期也避免再去上班，這樣她們才能繼續把家庭活動、度假和探訪長大的孩子排在前頭。貝蒂娜從「改變他人的生活得到極大的滿足感」，也喜歡志工工作帶來的彈性，讓她得以固定出遊，還能參加兩個女兒在中西部和東海岸的大學網球比賽。所以她說：「我沒有選擇職場，因為我希望能夠盡全力安排我的志工工作。」

除了有更多時間沉浸在親子時光，並且實質參與社區之外，女性還發現了料想不到的其他樂趣。最主要就是有更多的休閒及自我發展的機會。即使在辭職前，女性的財富就能帶來高品質的生活，她們住在漂亮、設備齊全的房子裡，通常位於安全、綠樹成蔭的郊區，有良好的學區且鄰近公園，並擁有現代生活的一切舒適環境。但是現在，她們真的有時間品嚐周遭的日常樂趣，包含物質與社會的樂趣。這些意想不到的滿足，緩解了她們剛回到家裡那段時間的矛盾感受，隨著時間過去，最終也加深她們漂向家裡的信念。

活力十足、頂著一頭金色短髮且有著運動員身材的蘿倫，在我們第一次訪談的六年前，就已經辭掉律師事務所的高薪工作。她否認辭掉工作留在家裡照顧兩個小孩有何痛苦，即使她先生的法律事業蒸蒸日上（她和先生是在就讀同一所知名的法學院時認識的）。事實上，根據蘿倫的說法，她是個幸運的人：「我不得不說自己的日子過得比他好上許多。他真的很賣命工作。如果他每天可以擠出半小時去游泳，那對他來說就是很大的享受。我可以去爬兩個小時的山，和朋友一起吃午餐，並為社區做點事。我完全不覺得這對我不公平。」女性在家的時間增加她們對於「生活品質」等問題的認識，如我們在後面章節會看到的，這通常會降低她們想迅速重返勞動力或全職工作的念頭。唐娜離開法律工作休息的三年期間，養成了「一定要有良好生活品質」的渴望：「生活品質對我來說意味著，有工作卻不用讓工作掌控（我先生和我做的）其他事情。因為我們想要的是，隨時能坐上自己的船，說出發就出發（到附近的州）。我們都是死忠運動迷。我希望能去看自己球隊的比賽。我想要掌控這些事，我也想要去旅行。」女性也利用閒暇之餘探索個人興趣和不為人知的面向。她們說到正在做的新活動和愛好（或重拾舊喜好），例如攝影、演奏樂器、學習新語言、上藝術和建築課程、加入讀書會，最後是認真運動。一位曾經是律師的受訪者，甚至自豪地承認自己正在寫一部法律驚悚片。

令人訝異地，隨意延長度假時間以及有時候可以輕易配合先生休假的時間來一趟精心策劃的家庭旅遊，竟然是打消一些最富裕女性重返工作的主要原因。梅莉莎就是如此，她先生靠著創投致富讓他可以充分掌控自己的行程。接受追蹤訪談的時候，梅莉莎詳述自己和家人在過去三個月四次合計一個月的度假。當我們問她是否打算重返職場時，梅莉莎聽起來很遲疑，因為她認為工作會影響家庭頻繁的旅遊計畫。

對一些女性而言，渴望擁有充足的休閒時間勝過上班，這絕對與年紀漸長以及渴望放慢腳步與準備退休甚至是提前退休有關。布蘭達（Brenda Dodd）就是其中之一。她五十九歲就從二度就業的職場提早退休，因為夫妻兩人意識到：「我們的健康正在流失，所以我們要利用每一個可以旅遊的機會。」

特權的誘惑？

從追蹤訪談可知，女性往往離開有給薪的勞動力很長一段時間（偶爾做點兼職的事），這顯然與她們辭職之前快速晉升的軌跡有著天壤之別。從客觀的角度來看，這些女性至少在很長一段時期成為俗話所說的「家庭主婦」（stay-at-home wives）——也就是她們觀察到老闆所娶的那種太太，但沒有幾個人一開始就想要變成那個樣子。

我們的訪談顯示，除了女性不願意回到缺乏彈性的工作之外，辭職之舉常會導致一種看似不可逆地漂向家務特權的世界——一個讓她們感到值得與愉悅的舒適圈，即使這讓女性淪為被扶養人。有鑑於此，人們可能會把家務特權視為一種父權交易：這場權衡取捨是女性被家務特權帶來的喜悅所吸引，犧牲了她們身為女性的利益（亦即擁有經濟和社會自主權），以換取全家以階級為基礎的利益。[15] 然而，考慮到女性處境的現實侷限，例如冗長的上班時間、先前工作的缺乏彈性，還有以丈夫的事業為優先等等，也就很容易理解富裕的家務（affluent domesticity）似乎是一種合理而有吸引力的選擇。從階級的角度來看，這些變化還說明看似過時的男主外女主內傳統，事實上是特權家庭在日益競爭、贏者全拿的經濟下，竭盡所能擴大其經濟與社會資本的策略（即使增加了這些家庭內部的性別不平等）。

另一方面，有人可能會認為，女性脫離先前的職業漂向家務特權，是一種沉默的抗議，針對的是那種沒有人性、需要全心全意投入、長時間工作的文化。從這個觀點來看，女性的家庭經驗所透露與證明的是，她們有機會達成一種更健康也更有意義的生活品質，把重心放在家庭、社區的參與還有自我探索。雖然有機會這樣做的可能是有特權的人（儘管是受到出身所限——這是另一個矛盾），但這也顯示出重新想像與調整工作的潛在好處，如此一來，所有員工都可以取得工作與生活的平衡，並因此得以促進健康與福祉，而非職業倦怠與選擇退出職場。

儘管職業生涯明顯中斷，但大多數女性仍渴望並最終按照自己的意願重新加入職場。但是，正如我們將在下一章所見，她們留在家裡的時間，以及她們的價值觀和觀念所經歷的變化，深深影響了她們重返職場的「方式」、「領域」、「時機」，以及她們往後的職業生涯。

第三章

家庭優先：慢慢回歸職場

經過長達一年的「家庭照顧假」之後，丹妮絲準備回到職場。但是她並非回去原先的製藥公司擔任主管（這份工作必須二十四小時待命，這讓她身心俱疲而無法專注在小孩身上），而是決定轉換跑道。她打定主意在老么上大學之前，只接受能配合家庭生活節奏的工作。對於丹妮絲來說，要達到這個目標最簡單的方法，就是擔任兼職顧問。她過往在生技領域備受推崇，因此她十分有把握可以毫不費勁地開展業務。更重要的是，丹妮絲很清楚，如果處理得當，顧問這份工作可以讓她配合孩子上學與放假的時間安排行程。

由後續訪談得知，丹妮絲精心安排的計畫，顯然非常成功。擔任兼職的自由工作者（後來成為中學的科學老師），使得她一方面可以「離開崗位投入家庭」，並「保持對自己職業的熟悉度。」一當她的孩子外出上大學，她隨即重新走上過去的工作生涯，目前是一家小型製藥公司的副總裁。

幾乎每個人都一樣，女性重返職場尋找的，都是允許她們把重心優先放在家庭生活的工作，而且如同丹妮絲，這個目標並不難達成。但是，很少女性能夠像丹妮絲一樣，以一種輕鬆、一貫或充滿信心的態度，**長期**駕馭重返職場之路。

以瑪麗娜為例，她之前辭去一家醫療集團裡繁重的行銷總監一職（她在這家公司掌管一億五千萬美金以上的業務、行銷和推廣工作），這樣她才能多多參與孩子的學校生活。她和丹妮絲一樣，重返職場都是做兼職顧問（每週工作十至十六小時），為的是能夠專注於家庭，同時也不脫離自己的專業。但是，自由工作者並不像瑪麗娜所期望的那樣有彈性。客戶有時會要求她在孩子下課後的時間開會，這是她一直不願妥協之處。這些年來，她越來越挫折，後來乾脆徹底辭職，理由是「我無法同時滿足（客戶的）需求和家庭的需求，因此我決定原則上要把家庭的需求放在首位。」瑪麗娜沉思了一下，又特別強調：「妳多多少少必須設定底線，任何事情一碰觸底線就要放棄。」瑪麗娜因此又退出職場十年，直到她最小的孩子進入大學，她才回去工作。

一次只用單腳跳

選擇離開職場和重返職場的現象，常被說成是全有或全無的零和選擇。如同童話故事中的女主角總是以結婚畫下句點一樣，對於選擇退出職場的女性，媒體報導通常以女性幸福擁抱家庭做為結局；這個說法意味著選擇退出是女性職業的終點。[1]在比較罕見的情況下，媒體會聚焦於職業婦女如何重返職場，並且通常將之描述為需要窮盡洪荒之力（而且常常充滿挫折），不顧一切地從家務轉變到重新啟動全職工作。[2]這些敘事並不精確，我們的研究發現會說明箇中原委。

首先，儘管家務特權令女性感到愉快，但大多數女性總是想要而且最後也真的重新進入職場。我們持續追蹤的受訪者當中，有五分之四（四十三名女性中的三十四個）最後都返回有給薪的工作，這符合她們首次受訪時表達重返職場意願的比例，那時她們仍待在家中。女性第一次離職到第一次重返職場這段離開勞動力市場的時間長短，差距頗大，從幾個月到十八年不等，但平均值大約是六年。這些發現呼應了職業婦女工作模式的實證研究，亦即大多數女性在職業生涯中斷之後，都渴望並最終真的會重返工作崗位。[3]

其次，我們發現大多數女性與媒體描述的重返職場現象相反，她們並未拚盡全力回歸。實際上，重返職場通常是緩慢、時而蹣跚前進的過程，最常發生在兩個不同的階段：「家庭優先」和「職業生涯重啟」時期。媒體通常會漏掉（因此會搞混）這兩個階段。實際上，女性在這兩個階段的經歷，是截然不同的。一旦這些女性最年幼的孩子進入全日制學校，她們就會以家庭優先的方式，重新加入勞動力隊伍。由於此時家中尚有年幼的學齡兒童，因此婦女在返回職場的最初階段，會繼續大力投入密集的母職工作，尤其著重於子女的教育活動，以及有助於家庭階級特權的傳承與地位維持的活動。因此，她們特意選擇了工作時間不長但非常有彈性的工作，使她們能夠繼續以家庭為優先。家庭優先階段的時間長短不一，但通常會持續大約四年，直到最小的孩子讀完小學，大部分的女性才開始嘗試全力回到工作。

全部女性當中，大約有四分之三最初重返職場時，是以家庭優先為主，她們是這章的重點。第四章將說明女性重返職場的第二階段，也就是女性最普遍重操舊業的時期。在這兩個階段，女性對於工作的態度會重新轉變。少數女性（大約有五分之一）在我們後續追蹤訪問時，仍然沒有重返職場，也不打算要工作；這些女性和她們的故事將在第六章討論。

保持熟悉

第一章已經詳細介紹這些女性在選擇退出職場前快速晉升的職業生涯，以及她們內心對於退出職場的強烈矛盾。大多數女性仍然堅定地期望在將來的某個時刻恢復自己的職業生涯。但是，她們在家務特權的經驗大大提高她們投入以性別和階級為基礎的密集母職及社區工作。因此，當女性蠢蠢欲動想要重返工作崗位的時候，她們的渴望就會被家庭優先的願望大力沖淡，至少在她們子女年幼時是如此。她們認為工作是一種參與、身分認同、意義與補貼收入的來源；但她們的熱情和投入往往在下午三點（也就是學校放學）結束。

女性在這個階段重返職場的動力，並非來自於想要重啟職業生涯，而是希望在工作領域保有一個立足點，為之後更全面的回歸做好準備。丹妮絲就是一個活生生的例子。她從事兼職顧問（每週約十五個小時），工作的範圍往往有限、挑戰性較小，而且有時「無聊到爆。」丹妮絲堅持下去的原因是，「我現在這樣做是為了保持熟悉感，並且與時俱進……這是和過去的業界保持聯繫的方式，這對我來說意義重大。」基於相同理由，原本擔任交易員的梅格，在辭職後不久，抓住一次偶然的機會開始在所屬領域接點小案子（每週僅五個小時）。儘管那時她的老么仍處於襁褓時期，她根本不覺得自己已經準備好完全重返職場，但她仍然覺得這是「讓自己留在業界大門內」的機會。幾年之後，她不再做這些投入有限的工作，因為開會有時候會影響她到幼稚園接兒子的時間。

對於像丹妮絲和梅格這樣的女性，「保持熟悉」（即使只是幾年的時間），都可視為一種預期未來可以更完全回歸的展望策略（forward-facing strategy）。但是，對於其他女性來說，這更代表了一種往回看（backwards-facing）的策略，主要是藉此面對過去的身分認同流失、以及搖身一變成為全職家庭主婦的心情。有些女性藉著尋找（更積極地掌握機會）要求較低的工作來解決這一問題。通常，這些女性是在第一次辭職後的一年內重新工作，先做幾個月或幾年工時較短的工作，然後隨著她們越來越投入家裡的新生活，最終她們完全放棄工作。在我們第一次採訪中，過去擔任老師的菲麗絲（Felice Stewart），說她辭職後不久就「感覺到空虛，彷彿我一定要工作。我沒有收入。」大約有一年的時間，她參與了一項網絡行銷計畫，每週有幾個小時向她的親朋好友推銷化妝品。這項工作提供了一個社交管道（「我的姐姐在，我的朋友也在，我們一起度過愉快的時光」），也讓她有一種事業感和目的感。但是，隨著這些需求逐漸被越來越投入的志工活動還有小孩的生活取代，她對工作的投入就「逐漸減少。」

離開大型律師事務所一年之後，蘿倫也開始做些時間自由的接案工作，藉此面對她過渡到家庭的這段時間。兩年來，她輪流在當地的法學院教書、批改律師資格考試，或是接一些撰寫法律文件的案子。她輕描淡寫地解釋，這項工作「使我有理由穿裙子、梳頭髮，走進市區。」兩年後，她投入家裡的新生活，懷了老二之後，她放棄所有給薪工作，然後就這樣過了十八年。

基本上在這個階段，大部分女性返回職場的主要原因，都不是為了薪水，但薪水還是有推波助瀾的效果。一般來說，太太賺的錢被視為「補充」收入。正如卡倫（Karen Gordon）所說，她丈夫的全職工作（擔任工程公司的高階主管）「支付帳單」，而她的兼職工作（擔任接案工程師）支付額外支出（一些額外的奢侈品）。女性用這種方式貢獻家裡的收入，並實現一定程度的財務自主（即使只是微不足道），這為她們帶來了滿足感。因此，這是一個雖然沒有明說卻很重要的動機。

儘管不多見，但少數女性比自己預想的更早返回職場，因為她們的先生在家裡手頭較緊的時候，希望她們可以外出工作、貼補家用。原本擔任編輯的楠就是如此，在老么七歲的時候，先生敦促她接下一份當地青年體育聯盟的兼職祕書工作。楠抱怨道：「我討厭這樣，這是我丈夫的主意，但這帶來一些外快。」值得慶幸的是，這份工作可以在家中彈性安排工作時間，並且讓她的電腦技巧趕上時代。正如我們在下一章會看到的，家庭經濟狀況對於女性重啟職業生涯的時間點，扮演了更重要的角色。

擁抱零工經濟

婦女在家庭優先這個階段重返工作的方式，很大程度取決於她們選擇不做哪些工作，而不是她們實際重返工作的策略。有關此一主題的其他研究顯示，絕大多數女性（只有一個例外）都選擇**不**返回前雇主的工作，她們從過往經驗得知，如果走回老路，幾乎找不到有彈性的工作，而這是現在她們相當重視的一點。[4]在這個階段，婦女試著讓工作圍繞在家庭生活的邊邊，因此她們尋求時間與工作要求都不高的工作（一般來說每週不超過十五個小時），讓她們可以盡量控制自己的行程。

我們的受訪者使用兩種主要策略來完成這些目標。第一個也是最常見的策略，是**在她們先前的職業中**擔任兼職的自由工作者或顧問。有將近五分之三的女性用這種方式重新進入職場。女性可以在她們之前的各個專業領域，包括法律、工程、健康照顧、金融和行銷方面找到顧問的工作。

這是一種常見的策略，因為自由工作能結合工作連續性（把之前的專業技術與網絡關係延續下來並且與時俱進），還可以盡量控制行程與擁有彈性（後面這項優點的唯一例外是，如同本章前面瑪麗娜所敘述的情況，一旦接案工作要聯繫許多客戶，還要面臨快速推進的截止期限，就沒那麼有彈性了）。自由工作通常也允許女性在家工作。此外，以接案為基礎的自由工作，允許女性在自覺能力許可下多接一些或少接一些案子。

丹妮絲描述自己如何有辦法管理客戶的期望，並利用接案工作有限的性質來規劃適合小孩學校行事曆的工作行程表：

我說：「我每天可以工作九到十小時，也可以二到三小時。而且我晚上可以做些事情，我在暑假不出差也不工作。因此，如果這對你來說沒差，而且在其他十個月之中，你需要執行一個案子——還有，學校放假期間我也不上班——我很樂意幫忙。」大家都說：「哦，當然！」他們有許多工作讓我做，多到已經超出我能承受的範圍，我非常小心不要接下太多工作。

正如我們將看到的，在職業生涯重啟階段，把全職或更多兼職工作安排在一起可能很棘手。但是在家庭優先的階段，婦女偏愛只要她們投入部分心力的工作（再加上丈夫的收入足以養家糊口為保障），讓她們可以隨意拒絕不適合家庭行程的案子。

女性在這個階段使用的第二種策略是從事**先前職業領域以外**的大量臨時工作。這些工作是兼職的非專業或半專業工作，由於工時不長且要求不高，因此允許人們彈性安排工作時間。於是婦女成為了辦公室經理、特百惠（Tupperware）和雅芳（Avon）銷售代表、自由接案的律師助理、代課老師、醫療辦公室的值班助理。出乎意料的是，在家庭優先階段，有五分之二的女性是以這種類型的工作開始重返職場。有別於她們之前法律或商業的專業，那些專業的兼職工作只是名義上的兼職，卻往往需要全職的工作時數，而這些非專業或半專業工作相對來說壓力較小，而且（心理和情感上）要求沒那麼多。在這些工作之中，有許多都可以讓女性按照自己的希望決定工時長短。即使是如代課老師之類需要待命且不一定能控制工作時間的職位，也允許女性回絕不符合自己行程安排需求的任務。

這兩種策略有一項共同點：婦女擁抱臨時勞動市場的工作——或稱為「零工經濟」（gig economy）。[5]儘管臨時工作有著大家都知道的缺點，像是工作沒有保障，缺乏雇主提供的福利保障（例如健康保險、社會保障、失能、失業保險或退休福利）、不如傳統職涯那樣有發展機會，但因為這些工作相當有彈性，所以對於婦女來說，十分有吸引力。她們從過往的辛苦經驗得知，在這些「好工作」（專業與終身僱用）裡頭，幾乎不可能找到對家庭友善的工時，因此她們當初才會選擇退出這些工作。終身或初級勞動市場，長期以來為工作者，尤其是白領專業人士，提供了品質更高的工作，有著穩定、福利、更好的薪水和前途，這些是本研究女性在選擇退出職場之前的工作類型。但是，這些「好」工作建立在男主外負責養家的過時預設，也幾乎很少提供高度的家庭彈性與兼職的選項。[6]由於這些穩定的工作對家庭不太友善，因此女性還是會被臨時性的工作所吸引，儘管這樣必須付出明顯的代價。幸運的是，這些婦女的經濟優勢使她們可以自由取捨。除了一位之外，其他人都以臨時工作的方式在家庭優先階段返回職場。

其他研究還發現，選擇退出職場的專業女性通常也會當個兼職的自雇者、在家創業，或以其他形式的臨時工返回職場，以達成更大的家庭彈性。[7]有位研究者稱此策略為「折衷」（opting in-between），他觀察到這種策略可以讓這些母親在孩子年紀還小的時候，按照自己的步調留在職場。[8]

「職場很煩！」

奧莉維亞（Olivia Pastore）離開著名法律事務所的律師工作不到半年，在四十歲出頭決定到母校學習中年轉職的短期課程。奧莉維亞說：「我還沒準備好回去上班，但是和我的女性朋友有三個星期三晚上在一起，我覺得很好玩。」她渾身活力、充滿熱情和自信，也是一位天生的說故事好手。在這個課程結束時，課程的講師正好也是該校的高階主管詢問了奧莉維亞，並給了她一個工作機會。這份工作是兼差，為期一年的法學院生涯諮商師。「這就是我進入法學院生涯服務的原因——我總是說：『這實在非常非常意外。』我從沒想到會做這個。」大略描述了這場出乎意料的無縫接軌之後，奧莉維亞大喊：「職場很煩！」

報章雜誌上的文章往往看衰女性輕鬆重返工作的機會。最近有些重要媒體的頭條新聞，也引發這種現象的氣息：〈媽媽『選擇進入職場卻發現大門深鎖〉、〈離開多年之後，女性努力恢復就業〉以及〈轉換跑道：這可能是趟艱辛的旅程〉。[9]這類媒體報導經常說女性重新進入職場的過程是曠日廢時或功虧一簣，或是雇主因為她們已經過了可以「賣命」的時期而拒絕她們，使女性面臨挫敗。[10]或者聚焦於這些婦女在面試時，必須面對履歷上空白這種令人畏懼的問題所帶來的考驗（如同最近一份報紙的頭條所述：〈女性在家中負責養育任務後應該解釋自己履歷上的空白嗎？〉）[11]根據我們在本書一開始重返職場座談會中的女性來判斷，這類故事可能會觸發那些和我們研究對象類似的女性，內心的焦慮不安及耿耿於懷。

但反差很大，我們發現除了極少數例外，這些女性在家庭優先時期重返職場的過程很容易，有時甚至毫不費力。令人驚訝的是，很少婦女說到這一階段重返職場的障礙；而且她們通常只花幾週或幾個月的時間就找到工作。女性為何能如此輕鬆地重返職場呢？

首先，處於家庭優先階段的大多數女性（五分之三）都是偶然找到工作，甚至找都不用找。雖然她們可能想要找工作，但並未主動出擊。相反的，她們是被其他人找出來，有人認為過去的專業人士後來成為家庭主婦的媽媽們，可說是高技術臨時勞動力主要的潛在來源。因此，很少處於家庭優先階段的女性是透過令人眼花撩亂的求職網站、分類廣告等傳統途徑或是正式應徵工作管道求職。也許是因為很少人在這個階段是透過正式求職的方式找工作，所以也沒有人抱怨履歷空白的問題。

過去的同事、朋友和家人，甚至是女性遇到的人，不時將她們視為工作時間有限的後備臨時工。奧莉維亞的情況就是如此，大家看得到這一位律師轉為全職媽媽身上的偵察才華，或許可以做點有限度委託的零工經濟，特別是一些能讓她涉足其他職業生涯的工作。提供她這份工作的主管當然知道，一名經驗豐富且有資歷的生涯顧問，可能會拒絕這種沒有任何福利的短期兼職工作。但是，像奧莉維亞這樣的人，可能會將這份差事視為機遇，她確實也是如此。對於奧莉維亞來說，這種「機會」的缺點在學年結束而她所分擔的工作告一段落時變得很明顯。當奧莉維亞認為自己找到一份生涯諮商的新工作，並且廣受學生好評時，她的老闆拒絕她續聘的請求。反之，這份工作被轉為全職。這個故事告訴我們，雇主尋找的是可以滿足「即時」（just-in-time）需求的員工，他把奧莉維亞這樣具有能力的女性專業人才庫視為隨時可以聘用的「勞動後備軍」，一旦需求不再，就有可能開除她們。[12]

過去的同事在必要時偶爾會探詢我們的受訪者是否有空做點臨時工作（兼職、以接案為主或季節性工作）。假如女性準備重新進場，這將成為她們第一份正式重返職場的工作。過去是醫療技師的布蘭達，已經在家裡待了十多年，有一天她接到女性牙醫朋友的電話。朋友詢問布蘭達是否願意「回來在櫃檯接電話」，代替一名生病的員工。布蘭達接受了，後來也非常意外地有好幾年都擔任電話待命的牙科助理。

志工的經歷也為重新投入工作創造機會，即使對於那些尚未積極尋找工作的女性來說，也是如此。瑪莎（Martha Haas）在孩子那所私立學校擔任志工時，意外獲得一份工作。在一次學校活動中，瑪莎不經意地向學校女校長提到自己之前從事公司的開發工作。幾週後，女校長給了她一份兼職，擔任學校開發人員（development officer）的臨時工作。瑪莎起初是拒絕的，雖然她離婚後一直在考慮兼職，但她還沒有準備好要回去職場。最終，瑪莎改變了立場：「（女校長）告訴我，她的孩子還很小的時候，她就離婚了，她說：『妳需要有事做。』然後我想到了這個以及整個趨勢，尤其當妳留在家裡時，只會胡思亂想……我從沒想過要怎麼看我現在的處境，但這對我來說，是一段美好的成長時期。」

女性在家庭優先階段重返職場相對快也相對容易的另外一個原因，在於大部分的人都是回到先前的專業領域擔任顧問。尋找這類自由接案的工作往往都是較短期的需求，所以她們能夠成功利用自己的專業網絡。丹妮絲受訪時，點出這個過程簡單到令人意外：「因此，當我一年後決定開始擔任顧問，我只要和之前共事過、保持聯繫的每個人說：『我有空了。』我馬上就開始與大約六個不同的客戶合作。」

最後，有些女性則是為自己願意從事的工作**類型**設定比較低的標準，只要這份工作有很大的彈性即可——這是為了可以加速重返職場而有的妥協。卡倫以接案工程師的身分重返工作崗位，她很驚訝竟然能夠在自己的領域中這麼快找到兼差的工作（每週不超過兩天）。她總結說：「部分原因真的只是我的期望很低，就像是『我什麼都可以做！』」

隱藏的通道

我們發現女性在一開始的家庭優先階段輕易就能重返職場，不僅和大眾媒體的報導有所不同，也和這領域的社會科學研究大相逕庭。雖然針對職業婦女選擇退出職場後重返勞動力市場的研究相對欠缺，但一貫的研究都指出婦女必須和無數的障礙搏鬥。這些障礙包括年齡歧視、技術過時、專業網絡轉趨冷淡、對履歷缺口的污名化，以及沒能找到對家庭友善的職位。[13]

我們的發現可能與調查研究結果有所不同，因為這些描述似乎集中在更具挑戰性的重返職場階段，而忽略企圖心較低的前一階段，即家庭優先時期。正如我們將在下一章所見，女性的確在重返職場過程中遭遇到一些重大障礙，但通常是在她們試著完全重啟職涯才會遇到。一般大眾與社會科學研究對於重返職場的過程似乎漏掉家庭優先階段，因為女性自己可能也沒有想過將此階段所從事的工作類型（一般來說是兼職、短期、有時候是非專業），視為她們正式職業發展軌道的一部分。還記得我們的受訪者傾向將這些重返職場的工作視為臨時工作或替代性工作嗎？也就是說，即使家庭優先階段的特色是女性首次大膽重返職場，但女性自己可能僅將此視為職業生涯中斷的延伸。我們研究當中的受訪者常常會掩飾甚至忘記提及她們在家庭優先階段的工作，彷彿這些都不「算數」，而是把焦點放在她們最初認真努力恢復的職業生涯。由於我們採取深度和貫時性的追蹤訪談（包括鉅細靡遺的就業歷程），使得我們能夠清楚指出重新進入職場中間的這個階段。這個階段是享有家務特權以及職業生涯重啟階段之間的橋樑，女性自己通常也沒意識到這個階段是她們重返工作歷程的一部分。

無論如何，這些女性在這個階段能夠輕而易舉找到工作，仍然十分令人驚訝。之所以如此簡單，可歸因於她們求職的工作類型（非典型、高度兼職、以及高度彈性），還有這些臨時勞動力市場在最近幾十年來同步快速成長，因此大部分的人都能從中找到這類工作。[14]由於臨時工作越來越多，加以女性為主，雇主無須太多承諾保證，而且對於許多人來說，這種工作比起穩定的工作較無吸引力，所以在此部門找工作競爭可能比較少。此外基於相同的理由，勞動市場中對於媽媽就業的傳統障礙（例如，就業中斷的污名、家庭責任），也可能較不構成問題。[15]在這個脈絡下，不難想見那些有臨時工、限定工時以及「即時」勞動需求的雇主，會將這些女性當成他們極度渴求的潛在勞動力，因為這些女性人脈廣闊，並且也願意做些薪水較低且不穩定的工作。

變動的時間

對於許多女性來說，在家庭優先階段重新進入職場的這段時間，是工作變動很大的時期，而且如我們在下一章所見，職業生涯重啟階段也是如此。大部分的人（約有三分之二）在初次重返勞動力市場之後，至少會再有一次完全退出職場，有時候退出的時間很長。一般來說，女性在她們初次重返職場與後續的訪談之間，會從事多項工作（平均是三項），她們第一份工作的時間基本上比較短（只有二至三年）。然而，在兩個重返職場的時期，工作不穩定的原因則截然不同。

正如我們所見，在家庭優先階段，工作變動和女性認為家庭需求勝過工作賺錢有關，也和她們重返職場的工作都是一些臨時性的工作有關。然而，工作變動有時也涉及女性對於重返職場的工作不滿，這類工作對她們而言，經常是大材小用。在數年的無聊或重複性工作後，有些女性已經打算離開或者找其他工作。如果她們的孩子已經長大，對於家庭優先之類的工作不滿，有時候會促使她們重新開始職業生涯。回想一下楠這個人，她曾在家裡附近一個體育聯盟擔任行政助理賺錢貼補家用。楠根本不喜歡這份工作，也覺得工作很乏味。因此，當楠的老么小學畢業後，她就決定辭職找一份全新的教學工作。

女性重返職場勞動參與的顯著變化，應證了專業女性職業生涯的理論與研究，這些研究發現，男性的職業軌跡往往是一條直線、持續發展；而女性的工作軌道往往因為照顧需求而充滿曲折、脫勾（disjoined）與中斷。[16]希爾維亞・休利特（Sylvia Hewlett）針對二十八至五十五歲全國高素質女性的研究發現，這些高階女性絕大多數顯然都有一段職業中斷時間，而且／或是從事非全職、非典型的工作，因此「無法想像傳統男性職涯那樣一步接著一步的模式。」[17]

唯有家庭優先

雖然大多數重返職場的女性最終都離開家庭優先階段，並努力重啟她們的事業，但有少部分的人到我們後續採訪時，並未踏入這個階段，這些婦女只在家庭優先的前提下重新進入職場。大多數都還有年紀更小的孩子待在家裡，她們打算孩子長大後就要投入全職工作。換句話說，這些婦女只是處於「工作－家庭」軌跡的早期階段。但是，少數「唯有家庭優先」的女性並不打算重新就業。這些女性是年紀較大的空巢者（大部分是六十多歲），她們的履歷和那些從來沒有重返勞動力市場的女性相似（我們會在第六章討論這群人）。這些年紀較大「唯有家庭優先」的女性與後面這群人類似，比較有可能說自己很少需要或根本不需要為了錢去工作，因此在第一次訪談中就表示對重返職場興趣缺缺。

下一步？

如我們所見，儘管退出職場多年，但大多數婦女仍然希望最終能夠重返職場。但是，這種願望與女性之前（以及她們丈夫目前）缺乏彈性、工作時間漫長的菁英職業工時結構，以及家務特權持續的拉力存在著衝突。正如我們在上一章所見，選擇退出職場的女性，隨著時間發展，她們將大大增加對家庭生活的投入。一旦女性選擇退出職場，她們會想要展開密集的母職，而且傳統的家庭勞動分工也會固定下來並且不斷成長，以便極大化家庭階級優勢。後者的動態發展，再加上沒有經濟的急迫性，大大抑制她們馬上全面重返職場的動力。她們利用完全兼職、時有時無的臨時工作（大部分是在之前的專業或半專業領域），來與工作保持某種聯繫，同時有效延長了家務特權的時期。實際上，女性在家庭優先這一階段中緩慢且步履蹣跚地重返職場，是階級與性別交織下的產物，而這個雙重交織的因素同樣逼使她們選擇退出職場以及漂向家務特權。

最終，隨著她們的小孩長大、變得更獨立時，婦女渴望更多的自主權以及想追求事業的心，也就浮現得更為清楚。但是，如我們在下一章所見，女性留在家中的時光以一種深刻而出乎意料的方式，重塑了她們的職業價值觀和興趣。

第四章
職業生涯重啟：內心的召喚

找到回歸職場的方式

自從十年前退出職場以來，梅格偶爾會找點有薪水的差事。但是，等到兩個較大的孩子度過進大學的關口，梅格便覺得自己迫切需要新的目標。

所以我檢視自己的生活範圍，我說，嗯，好吧，當我的孩子上大學以後，我怎麼辦？難道我只是打網球還有去俱樂部嗎？這對我來說真的沒什麼吸引力。因此，我開始考慮重返職場，看看會怎麼樣。我和一位職涯顧問聊了一段時間，你知道的，我很幸運，我的經濟條件讓我有機會問：「哪些事情是我真正想做的、想關心的和感興趣的？」我不一定要工作（當你同時有兩個孩子上大學時，有工作肯定會有幫助），但更重要的是「我想要去工作。」

梅格曾下定決心絕不回去她先前薪資豐厚的金融界，十三年一轉眼過去了。過往工作讓人無法忍受的高工時，加上她的技能早已過時，在在都打消了她回去的念頭。但更重要的是，梅格現在已經不想要回到那個職場了。取而代之的是，由於她多年來投入大量心力擔任教育基金募款的社區志工，她發現了一項全新的職業。梅格透過在教育發展領域建立的人脈，最終在一家小型的教育性非營利組織找到發展部主管這份夢想工作。在擔任志工這段時間，她一直與這個組織密切合作，並且對他們感到欽佩。對她來說，當她最小的孩子十幾歲時，這份工作主要的吸引力是能夠偶爾靈活地安排自己的工作時間，這是她接受這份全職工作協商出來的待遇。儘管梅格踏上嶄新的工作之路似乎是無縫接軌，但實際上，這是透過她深切投入社區志工，經歷十年、專注且深思熟慮發展出全新的專業技能與人脈的結果。

（再次）選擇重返職場

顯然，我們大多數的受訪者對於媒體唱衰她們重返職場的機會表示反感。儘管有一大段時間沒上班，但在我們追蹤訪談時，仍有一半以上（四十三位女性中有二十五位）的女性最後仍然重返職場，這也反映出她們長期以來對工作的承諾。[1]對大多數人而言，「恢復工作的動力」是從最初「家庭優先」階段的非主流有薪工作演變而來（雖然有大約三分之一的女性沒有經過預備期就直接跳回全職工作）。

女性重返職場是她們人生中一大轉捩點。有別於家庭優先階段未積極尋找工作（甚至只要稍微影響到家庭的需求通常就放棄），重返職場階段的特色是女性**積極和持續**地努力，典型的狀況是她們預想到空巢期即將到來。這代表這個階段的女性不再等著可有可無的機運讓工作降臨，而是積極建立人脈、更新履歷應徵工作、尋找職涯顧問、並且在某些情況下獲取新的資歷。事實上，如我們所見，重返職場階段的特色就是一段**探索**（questing）時期，女性在這個階段會積極復出，或者尋找新的職業志向，找一個足以讓她們維持十到二十年職業生涯的興趣直到退休。女性在這個階段也比較願意且能夠維持更長的工作時間（一般在重返職場階段，大約一週可以工作二十五至四十小時，在家庭優先階段，一週大約是五至十五小時），這通常會讓她們獲得更令人滿意、更高階的專業工作機會。

到了重返職場時期，女性脫離職業生涯的時間平均為十年，雖然有三分之二的人在家庭優先階段已經開始工作，通常工作了三至四年。在家庭優先階段，女性的年紀大約是四十出頭，最小的孩子通常才剛進小學。到了重返職場階段，女性一般已接近五十歲，她們最小的孩子正處於青春期，最大的孩子往往已經就讀高中以及（或者）上大學。此時此刻，許多女性對於孩子讀書的密集投入（以及其他在傳遞地位與維繫階級的努力）已經減少，她們開始挺身面對空巢期的來臨。

像鴨子划水

表面看來，女性一開始重返職場似乎蠻平順的。但是，就像鴨子在池塘裡游泳一樣，牠們看似優雅流暢地划過水面，全是靠著在水面底下費勁全力、甚至翻天覆地的努力。在第二階段，也就是重返職場階段，有些媒體描述的負面影響真實存在，就如我們將會看到的，重返職場的過程通常帶著壓力且充滿挑戰。回去工作這件事情並不難，但是要打造一個可行的長期職業生涯，就很困難。女性在欠缺家庭彈性的工作環境裡的負面經驗，再加上長期沉浸在維繫家務特權的勞動，還有隨著年紀的逐漸增長，導致她們在職業取向上，產生了重大的變化。在此階段，大部分的人都比以往更確定不想回到前雇主那裡工作。正如她們已經歷過從勞動力撤退，並且適應家庭新生活的轉型過程，重新恢復職業需要另一次並且往往也是曠日廢時的適應和改變。雖然女性擬定了各式各樣的策略，但每個策略都有各自的問題。事實上，再次選擇重返職場的過程本身就充滿挑戰，因為就某種程度而言，這促使女性在職業上進行自我改造。

所以，女性是如何走過職業重啟的過程？她們最終下定決心進一步完全重啟職涯的時間點與原因為何？這是她們自己想要的嗎？經歷多年工時較短或完全沒領薪水的工作之後，女性最終重新展開職業生涯的難易度為何？這些問題是本書的核心，許多問題的答案在重返職場的第二階就變得更為明朗。

對的時機

經過將近二十年全心全意在家擔任家庭主婦與社區志工，再加上最小的孩子已經上大學，五十四歲曾擔任律師的蘿倫最後重返全職工作。蘿倫在思索自己全力重啟職業生涯的決定時，表達出許多受訪女性都有的感受：「我真的覺得自己需要一些更好的安排，來取代小孩離家之後我所失去的世界。」她帶點自我貶抑補充說道：「當然，（這份工作）讓我的時間與精力有另一個出口，我會忙到無暇去想他們以免讓自己難過。」

蘿倫的話抓到一個重點，呼應了受訪女性重啟職涯的說法，那就是女性重返職場的時間點，通常與她們子女生涯中重要的發展階段有關，這些代表子女日漸成熟並準備上大學的標誌，也就等於她們自己慢慢減少涉入密集母職與社區志願工作（這兩者的目標都集中在增加她們孩子的社會與教育資本）。實際上，當她們準備讓年紀較大的孩子跨出家庭和社區的保護空間，轉而進入更廣闊的世界時，許多女性自己也正準備如此。

對於蘿倫和其他重返職場的女性來說，典型的空巢期是催化劑，這時她們的老么快讀完中學或剛上大學，在這個時期，她們對於子女規劃栽培以及維持地位的功能大幅減少。總體而言，這個時候她們全職扮演子女社會和教育仲裁者（arbiters）的目的很快就要告一段落（或已經結束），幾乎無人對此有所懷疑，正如瑪麗娜所言：「我是在老么上高三那年決定要重返職場。當然，我一直對他們學校的參與度很高。我支持他們的生活，所以當他們升上十一年級時，真的不需要我接送了。但是我仍然參與很多學校的事務。當我看到這一切即將結束時，（也）有點倦怠了，但問題是『那，接下來要幹嘛』？」之前當過律師的奧莉維亞回想起促使她在四十八歲重新開始工作的那一刻：「前一年我兒子從中學畢業，……我們的女兒從高二要升高三，這感覺就像一天二十四小時、一週七天的親職照顧快要結束了。」

女性另一個重新開始工作的時機是最小的孩子升上中學。有些女性觀察到，前青少年期的孩子進入中學開始有很大的轉變，他們會「專注在自己的朋友並拋開家庭」，邁向獨立。同時，小學之後的求學階段，家長參與孩子學校志工活動的需求明顯下降，使得有些女性覺得失去了目標和社會參與。楠正是如此，當她最小的女兒十三歲、兩個大女兒上大學時，她就展開特教老師的職業生涯。楠重新上班有部分原因是渴望恢復隨孩子長大而逐漸失去的活躍社交生活：「妳的社交生活往往圍繞著跟妳一起擔任志工的人，或是妳小孩朋友的父母親。但隨著孩子大到可以去自己想去的地方，到了他們升上中學，大人之間的自發性互動就會大為減少。」

「再拚一次」：尋找意義

現在，她們的孩子已經長大了，這些重新踏入職場的女性強烈感受到自己必須有再一次的機會發展有意義的第二人生，這讓她們充滿幹勁。充滿自信與熱情的克莉斯汀在後續的訪談時提到，她已經回到之前的行銷領域擔任顧問，而且多年來一直固定與職業婦女的支持網絡聚會。她在自己還有支持團體裡的其他女性身上看到大家對工作的熱情（這些女性跟她一樣，大約都介於五十到五十五歲之間）：「有趣的是，一旦孩子都離家以後，我們看事情也不一樣了。我們都覺得自己還有一點時間可以真正投入需要很多精力、甚至是全職的工作。工作與生活的平衡，對我們來說，不再是一個問題⋯⋯「我們要說的是『我們還要再拚一次』。」正如克莉斯汀提到的，這些學歷漂亮、才華橫溢的女性在閒下來之後，都想要去上班。她們不滿足於單純地打掃房子、打網球和上俱樂部的生活，或是和她們前幾代有特權的家庭主婦一樣糊里糊塗退休。無論如何，大部分女性重返職場並不是為了賺錢。來到中年期的中後段，她們的丈夫已經爬到菁英職業的頂峰；雖然她們子女上大學的花費似乎很高，而女性上班賺錢對於貼補家用也有幫助，但卻不一定是必要的。這些女性重返職場主要是因為她們享受工作，而不是為了賺錢。在空巢期之後或是即將來臨時，她們從工作中尋找了新的**目標**、**認同與成就感**。

女性渴望有意義的工作（一般帶有社會目的），通常促使她們在擔任多年志工的非營利部門從事與慈善類相關或直接延伸的工作。蘿倫當了全職家庭主婦二十年後，重新開啟職業生涯。過往她一直投入資深的董事會事務，先是在孩子就讀的學校，然後再到教會。當蘿倫應徵並獲得宗教性非營利組織的執行董事職位時，整個人欣喜若狂，這個組織與她服務的教會多年來都有密切合作，她們的任務是贊助社區團體解決貧窮問題。但是，決定接下這份工作也意味著放棄回到之前擔任公司律師這份大有錢景的職業。當被問及為何如此選擇時，她回答：「我想做些更有意義的事情。我認為從事非營利工作會帶給我擔任公司法務所無法獲得的意義。我的意思是，某些類型的法律工作或許**可能**帶來意義，但不是我以前做的那種。」蘿倫知道生活無虞如何影響她的職業選擇，她補充說：「很幸運，我**不必**為家庭生活過好日子去賺很多錢，因此我可以比較輕鬆地做出這些決定。」

同樣地，梅格努力的方向也是順著自己的內心，她想從事她有熱情的工作。她和蘿倫一樣，也把工作的意義置於金錢和地位之前。她不只是從公司部門轉向非營利部門的發展工作，而且還刻意選擇追求一個較不具聲望的小型非營利教育組織職位，而非高等教育的菁英世界。梅格曾經花時間在當地一所常春藤盟校跟發展方面的專業人才打交道，最終卻體認到自己對那樣的世界並無足夠的熱情去追求更高的成就：

我並不是為了追求金錢，而是受到學校的發展工作吸引。如果我真要向人募款，我必須對背後的理由有很強的信念。因此，我在〔常春藤盟校〕及其各式各樣的團體訪問蒐集資訊，然後我就離開了，感覺就像「哦，我與〔常春藤盟校〕沒有什麼關係，我不會去那裡。」這並不是說我不相信他們做的各種事情，只是談到這些工作時，我的熱情遠遠不及我敘說我們在小規模非營利教育基金會所做的一切。因此，我開始思考自己在哪些空間和地方可以擁有同樣的熱情？

對於像梅格和蘿倫這樣的女性，嚮往一份有意義的職涯可能讓她們鬆了很大一口氣，因為她們很清楚知道自己能選擇什麼工作。她們的階級特權讓她們可以隨意追求一份不那麼賺錢的工作，但是也為選擇一份有承諾以及有成就感的工作設下更高的標準。

跟追求意義相關的是，女性重返職場也在於尋找重新點燃並且確定之前做為職業女性的身分——這一部分在家務特權這幾年間已經失去（或至少被淹沒了）。凱特最明確指出這點，她說重返工作崗位的主要原因是，「我想找回自己工作時的身分認同……我想獲得工作身分，並做出更大的貢獻。」儘管凱特是重返原先公司部門的少數幾位女性，但她在重啟職涯所尋求的意義感，則在於她渴望自己的才華可以在家庭以外的領域獲得認同，並且好好展現。前律師奧莉維亞也遵循這種模式，渴望透過重啟職涯來追求她的身分認同。當被問及是否考慮過**不再**回去工作，她說：「我以身為一名有頭腦的上班族為榮；這永遠是我身分認同很重要的一部分。」

除了尋求意義和身分之外，女性還尋求從工作獲得樂趣。艾蜜麗（Emily Mitchell）之前是一家大型保險公司的客戶服務部主管，她在當了近二十年的全職家庭主婦之後，決定重新開始自己的職業生涯。她多年來都在孩子們的學校和當地的家暴機構擔任志工，到頭來卻是「身心俱疲並對志工服務感到厭倦。」艾蜜麗的老么差不多要讀大學的時候，她內心有一股很強大的推力，讓她想去做點有「成就感」的工作，也可以讓她有足夠的收入為孩子的大學教育出點力（後者是重要但是次要的動機）。

艾蜜麗走的是女性重返職場的標準模式，找到看似合適的工作之前先做一輪不同的工作。她辭掉在一家小保險公司（她以前的行業）擔任兼職行政助理的第一份工作，因為她覺得這份工作沒辦法充分發揮她的長才。接下來，她試著到當地一家非營利機構擔任兼職社區協調員，也是她原本擔任志工的職務。令她驚訝的是，這份工作看起來也不適合自己，她最後還是辭職了：

我發現……這份工作有點令人沮喪。不好玩，不應該是這樣子。但我認為自己正處於人生的某個時刻，停下來照顧小孩，是很艱難的工作，我還做了很多志工，這很棒，但有時候也感到無奈，假如我要回去工作，那我的動力在於我想為**自己**做什麼？在這個時刻，什麼才能讓我想天天上班？是什麼讓我有那種滿足感？什麼使我感到愉快，同時還能帶給我一點收入？

許多女性，就像艾蜜麗一樣，主要動機都不是為了賺錢，她們非常挑工作：換句話說，這份工作必須讓她們覺得值得追求或堅持下去。最後，艾蜜麗在市中心開了一間不大卻相當成功的服飾店。雖然這間店不算特別賺錢，但它充分滿足了艾蜜麗渴望尋找一份既能展現商業頭腦又是一生所熱愛的時尚工作。

薪水是重點

對於大約三分之一重返職場的女性來說，薪水的確是她們回去工作的一大動力。但是，經濟因素所影響的是這些女性重返職場的時機，而非重新工作的渴望（我們以下會看到只有一個例外），而且基本上會使得她們比原先預期的還要早回去職場。她們重返職場主要的經濟理由是丈夫沒了收入（或收入銳減）；而發生這種情況的原因很多，包括丈夫失業、開始創業或去世。

凱特的先生是一位成功的金融家，他決定要開展自己的私募股權基金。「所以當他在醞釀並準備所有法律文件、擬定自己的營運計畫時，他說：『如果妳能再去上班賺錢，我的擔子會減輕不少』。」凱特回想，那時候老么還在幼兒園，我還可以在家裡待五年。但是，當生意沒有起色，一想到先生接下來幾年的收入可能很微薄，甚至一毛都沒有，再加上失去家庭健康保險和其他福利，凱特覺得「需要幫點忙並減輕先生的壓力。」因此凱特和其他一些像她一樣的女性，充當了家裡的「勞動力後備軍」，需要的時候就進入勞動力市場（有時會再退出），為丈夫這場不穩定的事業冒險提供財務風險的緩衝。[2]

丈夫失業也可能造成太太重返職場。我們追蹤訪談期間正好遇到二〇〇八年的金融風暴，這對男性的打擊尤其嚴重，也就是所謂的「男性蕭條」（mancession），我們自然而然地聽到許多故事講述先生經歷漫長與頻繁失業的魔咒。[3]雖然我們研究的家庭通常衣食無虞，一段時間沒有家庭收入還是可以過上好日子，但先生長期或頻繁失業，會使得妻子承受越來越多必須去上班賺錢的壓力。潔西卡（Jessica Beckman）就是這種情況，她的丈夫馬丁在高科技業擔任行銷主管。自金融風暴以來，馬丁所在的行業變得越來越不穩定，他數度遭公司解僱。儘管潔西卡沒想過要在這段時間重啟職業生涯，但是當一連串兼職和全職接案行銷顧問的工作機會出現，她抓住了這個機會穩住家庭的財務，還支付了兩個十幾歲兒子即將上大學的費用。

有兩位受訪者在我們追蹤研究期間丈夫去世了，這也是兩人重新上班的經濟理由。在丈夫過世後的幾年內，當海倫娜（Helena Norton）和三個孩子慢慢走出創傷的時候，她寧可只做點零工（到她以前擔任學校行政人員的私立學校做一名招生助理）。然而，當她的孩子十二歲到十八歲時，她在之前的領域尋找一份更吃重的兼職工作，不只是因為她需要醫療保險（她丈夫的失業健康保險COBRA計畫即將到期），也要預先為空巢期做準備。

特魯迪（Trudy West）在四十六歲丈夫過世後不久重啟職業生涯——成為一名全職教師助理。

然而，她與我們研究中的大多數女性不同，講話柔和的特魯迪在辭掉以前的電信業工作後，壓根沒有回去工作的打算或念頭。在我們追蹤採訪的時候，她傾向待在家裡的想法絲毫未變。她重啟職涯的理由很少見，**百分之一百**是經濟因素造成，明顯悖離她最初的長期計畫和偏好。

少數幾位女性（只有三個）成功分擔了先生養家糊口的角色，因為她們先生的職業並不是那麼賺錢。這些女性（像大多數其他美國女性一樣）**總是**不斷地要替家庭賺錢；因此，她們職涯中斷的時間更短，而重返工作崗位的動機更多是出於經濟考量。奧莉維亞就是其中一員。正如我們之前瞭解到的，工作是奧莉維亞身分認同很重要的一環——但錢也扮演關鍵角色：「事實上，我先生是個律師，個人執業，我們兩個都沒真正賺過大錢。……我的意思是，我（從其他女性）聽過，你也知道的，『我們真的不需要去賺錢』。這句話絕對不會從我口裡冒出來，或者說我的情況就不是這個樣子。」

重啟迢迢路

大多數女性在重啟階段都對提升自己的職業生涯感到興奮。然而，基本上，她們的熱情仍然因為她們一直對有家庭彈性、非全職的工作（一週通常是二十五小時左右）有著強烈偏好而受到阻擾。為什麼她們偏愛兼職工作而不是全心全意重啟職涯？絕大多數重啟職涯的女性家裡還有小孩——別忘了，她們最小的孩子通常還在初中或高中。此外，她們先生正處於**他們**職業生涯的黃金時期，經常占據高位（例如，執行長、合夥律師、董事），這些職位的要求比以前更高，工作時間更長。在上述這些壓力以及對空巢期的預期下，大多數女性既不打算強勢回歸，但也不想維持「職涯空轉」的狀態。曾經以家庭為重的女性，現在轉而尋求工作和家庭的融合，有些人強調家庭那一邊，但也有些人重視工作這一頭，這取決於每位女性實際的情況、喜好、年齡和人生階段。

儘管在此階段這些女性的孩子通常都不小了，但彈性仍是她們找工作最主要的考量。潔西卡因為先生工作不穩定，出於經濟需要而覺得自己要全職工作的情況，並不常見，但即使在重啟階段，她內心還是比較喜歡兼職工作。這種偏好是由於她渴望留在家裡那段時間，她已經習慣於享受額外的休閒時光。（「我喜歡有時間和朋友一起喝咖啡，我喜歡有時間運動」），但最重要的是，她可以注意到兩個十幾歲的兒子持續不斷以及（在她眼中）越來越未能滿足的需求：

> 我兒子正在努力考駕照，他需要花一定的時間練習，但因為我和先生都有太多工作要做，所以過去幾天他都不能出門。我真的真的不喜歡這樣。我發現自己向他們道歉，他們說：「沒關係，媽媽。別擔心。」我知道他們不在意，但我討厭這樣。這樣實在很愚蠢。我兒子參加了SAT的模擬考，過了五天我還沒去看結果，看看他的強項和弱點在哪裡。我的孩子需要買足球鞋，還有全套的球衣。我沒有時間弄清楚他穿什麼尺寸，現在還不需要訂，但我通

常會立即處理。我還沒有機會對他說，「我們需要看一下你穿幾號」，並解決這個問題。所以我討厭這樣。我花了很長的時間讓一家人都上軌道，照顧每個人的需求，這是我積極的選擇。……所以目前說來，我的理想是工作比現在少一些。

這種「禮賓式育兒」（concierge parenting）在女性之間很常見，即使在重啟職涯階段依然如此。[4]這種動態發展的關係有助於解釋為什麼許多人在跨入職業生涯入口時避免全速前進。

對許多女性來說，在重啟職涯階段，以家庭彈性和兼職工作為優先，實際上意味著她們從之前離職時的職位降了一級。布魯克（Brooke Coakley）在家裡待了將近五年後，五十一歲那年重新開始醫院行政人員的職業生涯。她先前辭職完全就是因為家庭一連串的風暴，包括她丈夫的重病以及兒子嚴重的心理健康問題。布魯克離職前曾在一家大醫院擔任高階主管——這份工作包括各式各樣的線上管理責任還有超長的工時——所以她在回歸時刻意不選擇全職或資深的管理職。當她之前的上司兼導師珍（Jane Renfield）帶著歉意坦率地說，她不知道在這個領域有什麼高階職缺，布魯克回答說：「珍，反正我不想做副總。我不想要扛那麼多事。」布魯克受訪時進一步詳細說明：「我已經做過好幾年了，我知道那樣的結果是什麼。」結果，布魯克最終在同一家醫院找到一份約聘工作，沒有線上管理責任，工作時間也只有過去的一半，且允許她偶爾在家工作。儘管她返回職場的時候，先生以及就讀中學的兒子都已經康復，但是留在家裡的那段時間，已經使得布魯克的優先順序出現變化。

我猜經歷過那段沒有上班而試著處理兒子與先生問題的時光，使得我現在比較想把更多注意力放在家庭生活，因為我已經有很長一段時間都是如此，過去我陪伴兒子走過難關並終於讓他穩定下來，同時也支持我先生撐過他遭遇的挑戰。過往那些不成眠的日子都是因為家庭而不是因為工作。而我也知道許多副總並不是這樣過日子的。

布魯克的例子說明，女性選擇離開職場這些年間從事的密集母職照顧工作，如何徹底改變她們的優先順序，以至於到了職涯重啟階段，能否保有家庭彈性依舊是她們的重要考量（至少孩子仍在家裡的時期是如此）。

從兼職開始做起，也是部分女性在離開職場多年後，處理重新啟動職涯而來的焦慮所採取的策略。有四位女性說到，她們刻意追求兼職與低階職位是因為她們認為自己的技術已經生疏了、也比較沒有賣點，這反映出來的就是女性缺乏跳回去全職工作的信心。由於這些女性離開職場已經有很長一段時間，她們相信要重振職業生涯最好「從小地方做起。」

儘管許多女性明顯傾向以兼職重啟職涯，但是回歸職場的女性中，也有很大比例（五分之二）是回到全職工作。然而，值得注意的是，這些人大多數都處在重返全職工作的有利位置上，有人是進入空巢期而不再需要家庭的彈性，或是以老師身分重啟職涯，讓她們可以跟著孩子學校的作息全職上班。正如這種模式所顯示的，家裡的孩子已經上大學（或以上）的女性，比起那些小孩還待在家裡的女性，更有可能在第一個重返職場工作就選擇全職上班。

再一次重新「來過」

正如我們所見，來到職業重啟階段，女性開始留意內心的浮動，重新連接起她們在選擇退出職場以及家庭優先時期幾乎沉睡的職場身分。女性意識到自己正處於人生新階段的風口，過去十多年來讓她們錨定身分認同的諸多家庭承諾，都已經準備退去。她們渴望新的目標和認可來源，就像她們過去初生之犢不畏虎一樣，她們又再一次自由自在地問，或者可以再沉重地重新問一遍：「我過幾年想要變成什麼樣子？」

不像同樣選擇退出職場但卻更傳統的上一代會盯著空巢期想著未來怎麼辦，我們的受訪者因為在離開職場前就已經發展出一段紮實與成功的職業人生，因此基本上更有能力好好回答這個問題。但是，正如我們將在下一章看到的，重啟職業生涯的過程，包含找出職業身分認同的存在意義，並不是那麼容易。

第五章
追尋與再造

原先在出版社擔任主管的楠，離開工作崗位的十七年間，對於工作的興趣出現很大的轉折。我們在她選擇退出職場的幾年後第一次訪問她時，楠相信自己會再回去上班，但她內心有所準備，第二段職業生涯的要求會比前一段稍微低一些。教書很有吸引力，不只是因為她認為教書很有意義，也因為教書很有彈性。五十二歲那年，楠展開為期四年的特教老師職業訓練，一開始是自願當老師的助手，接著她就去攻讀教育碩士的學位。

當我們追蹤訪談的時候，楠已經來到五十九歲，三個小孩有兩個已經上大學，而她也在郊區的一所學校做了好幾年。雖然她發現自己的工作有非凡的意義，卻無法在自己的課堂上獲得一份特教老師的全職工作。反之，她做的是兼職、薪水較低的課堂助教。楠懷疑是年齡歧視和經濟「不景氣」在作祟，但她仍然樂觀以對，提醒著自己這份「無關緊要」（podunk）的工作有何優點，像是有時間看書、上健身房、打網球、「在週末做大餐」，還有看看朋友。

不是每個女性都經歷過這種挫折。然而，就像楠的經歷一樣，許多女性在重啟職業生涯時，都有著一大段探索、訓練和職業生涯的再造階段。

重啟的輕鬆與混亂

本書第四章關注女性重啟職業生涯的理由和時間；但對她們來說，重啟並維繫職業生涯到底有多困難或多簡單？她們使用哪些策略？成功的祕訣是什麼？她們尋找的又是什麼樣的工作？

也許一點也不令人意外，很大一部分女性（超過三分之一）承認在離開工作崗位多年之後，她們對自己重返職場的能力顯得毫無信心，這也呼應了其他研究者類似的發現。[1] 這些女性最先擔心的是她們的技能在別人眼中已經過時或荒廢。這種恐懼對以前曾在技術領域或日新月異領域工作的女性，尤其是如此。原先擔任醫院副總的布魯克與她的導師及前主管珍，都有相同的恐懼。珍意有所指地問：「市場上還有人要我嗎？我已經五年沒上班了。我想說的是，大家會不會看著我說，她是頂舊帽子？是個老新人？」海倫娜辭掉原本教育行政人員的工作已經十八年了（她有七年是到前公司打零工），她評論道：「那麼多年只做些許時數的兼職工作，我想不會有人想要看我的履歷了。」

正如以上評論所顯示的，對於重啟職業生涯，女性所在意的往往是擔心自己因為長期的職業空白還有退化的技術，而在就業市場上不再具有競爭力。經濟學家將這種工作技能和知識的下降稱為**人力資本貶值**，而這也普遍被認為是再就業的可能障礙。[2] 同樣地，員工的**社會資本**——和專業領域上的同事及業界的關係網絡，可能對求職有潛在好處——或許在就業中斷期間下滑，這也會對她們重新進入職場產生障礙。然而，除了夕陽產業的明顯例外，很少女性抱怨找工作要花很長的時間或毫無結果。這點很令人驚訝，因為有些女性顯然缺乏信心，而且大眾媒體也把女性奮力重返職場描寫得很灰暗，但結果大部分的女性卻很輕鬆地重新找到第一份工作，從開始尋找大概只花幾個月到一年的時間。為什麼會這樣？

正如我們底下所見，女性展現強烈的動力，並且堅持不懈地克服她們前進路上的重重障礙。她們非常主動地尋找工作、建立人脈、搜索徵人廣告與寄出簡歷。但光憑女性的決心，並不能解釋她們如何在漫長的職涯中斷之後，得以克服在新職涯中，自身能力可能的嚴重不足。在決心之外，女性的能動性更為關鍵，而這部分則被她們的階級特權強力啟動。也就是說，憑著她們生活富足的優勢，這些女性有時間、有人脈、也有金錢，可以在她們那段漫長家務特權期間主動投資新的職業生涯（有一些例子是從家庭優先階段才開始）。同時，這種漫長的就業暫停（employment moratorium），讓她們可以積極地探索自我與職業，並且去進修與取得文憑，以便跨入新領域。此外，許多人事實上不再競爭那份她們早已放下的體面卻環境惡劣的工作，這也給了她們一些重返職場的優勢。即使是回到過去菁英職業般的法律和醫院行政等工作，女性基本上找的都是兼職與臨時工等較不競爭的職務。

然而，往後站一步，瞧瞧女性重啟職涯的弧形軌跡，我們會發現她們重啟的過程事實上充滿挑戰且曠日廢時。女性往往需要多年的探索、重新定義她們的職業身分，接著再為重返職場做準備，並尋找符合她們高標準的工作。事實上，足足有一半的職場回歸者都可能經歷了一場跌宕起伏的重新啟動，如同她們鮮明的職場動盪與一連串的職業轉向經驗所顯示的那樣。從重啟職業生涯到接受追蹤訪談為止，二十五名重返職場的女性之中，有三分之一**做超過一個工作**（依序），同樣有三分之一至少有一次**完全退出勞動力**，有五分之一**轉換跑道**不只一次（從一個不相關的職業跳到另外一個）。

為什麼女性重啟職涯經常如此漫長與坎坷呢？大多數女性並不會返回十年前（平均）她們所在的職場，也不會再度成為她們已經捨棄的那種工作者；她們對於工作的態度已然改變。她們面對的現實是，她們不能也不想回到以前的老闆那裡，因此她們必須另謀出路。許多婦女認為她回不去是因為她還是把家庭的彈性擺在首位，並從過去痛苦的經驗知道自己不太可能從過去的職場獲得彈性。同樣地，如我們所見，許多人擔心她們的專業知識和技能隨著時間流失，將成為一個難以克服的障礙，這也讓她們更容易考慮砍掉重練這條路。但對所有女人來說，她們也不想回到過去的老闆那裡上班。接下來我們將看到她們家務特權的漫長經驗，還有年紀漸長的過程，如何徹底改變她們的價值觀與興趣。

重新進入職場的策略

為了解決她們重啟職業生涯面臨的阻礙，女性使用了以下三種策略：（1）**轉換跑道**，或轉到完全不同的職業生涯；（2）**修正跑道**，到過去的領域接案或當臨時工；（3）**捲土重來**，包括重新回到原先的行業，但尋找可以接受她們彈性工作需求的雇主（幾乎不可能是過去的老闆）。每種策略都代表了實現工作與家庭結合的不同方式，並或多或少反映出女性追求職業的改變。

正如以上策略所表明，絕大多數女性不會回到前雇主那裡工作。我們在這個主題的發現與一項針對高階女性且曾經離開職場的全國樣本研究一致，研究結果發現只有五％的人希望回到之前的雇主那邊工作。[3]其他研究者也發現，女性在職業生涯中斷重返職場常常是接案或轉向全新的職業、行業或勞動力部門。[4]然而，人們比較不知道的是，選擇退出職場的女性藉由轉換跑道重啟職業生涯的方式及理由。本章描述女性重返職場所採取的三種策略，她們為什麼選擇這些策略，她們面臨的挑戰以及她們擁有的機會是什麼。

策略一：轉換跑道

正如楠這位前編輯以老師助理重啟職業生涯一樣，返回職場的女性大約有五分之二在剛回來的時候拐了一個大彎（假如我們把重啟職業軌跡之後才轉換跑道的人算進來，這個比例上升到一半）。**轉換跑道**是最受歡迎的重啟策略，也是職涯追尋與再造過程中最有代表性的策略。它反映了女性對職業的渴望不僅要具備家庭彈性（不像她們以前的職業），而且也扣合了她們待在家裡那段期間對職業取向的徹底改變。引人注目的是，她們變化的方向幾乎如出一轍，都由男性主導的、要求嚴苛的職業生涯，還有公司部門中男女混合的職業（像是金融、法律、行銷等），邁向女性為主的職業，要不然就是轉向非營利部門中公益取向的工作，尤其是教育。到底是什麼導致她們如此劇烈的變化呢？

照護的世界　女性照護者的各種理論專家認為，母愛的發揮和照護深深影響了照護者的價值觀、想法和志向。[5]同樣地，我們發現女性沉浸在家務特權那段時間，也常常為她們帶來深刻的變化，重塑了她們的職業抱負和計畫。尤其女性擔任社區志工和密集母職的經驗，讓她們奠定照護、人與人、利他主義的價值觀，這與她們過去在金錢世界的經驗格格不入。

正如同楠一樣，隨著女性參與小孩求學的成長過程，許多人也發展出對教育和教學的興趣——這也是最受歡迎的轉換跑道之路。丹妮絲這位前藥廠主管和科學博士，也是這種模式的鮮明例子。多年來丹妮絲在小孩的學校從事各種志工工作，包括辦理學校的科展，還有成為家長教師聯誼會的理事和重要成員，後來她成為中學的自然老師。她多年在學校的經驗，迎來一個自我探索的過程：「我發現直接跟小孩工作是多麼有趣，我愛死了，也很珍惜自己可以做這件事。」

女性在社區擔任志工，有時會讓她們走上一條本質上也同樣無私的新職業道路。莉亞（Leah

Evans）在離開一家中型醫院那份要求很高的主管工作後，覺得自己就像「糖果店裡的小孩」，突然之間，她有時間與資源去探索她從慈善出發的各種興趣。「我真的什麼都做，從全國墮胎行動聯盟（NARAL）到聯合勸募（United Way），再到環境保護。我做了很多，也參與很多。」但是，在兩家著名的環保與野生動物保護機構擔任董事，才深深改變了她的志趣。「在我做過的各種志工中，最吸引我的是環境保護議題……長話短說，志工讓我覺得，『哇，這是我真正的熱情所在，我真的很關心野生動物，我真的很關心動物，我真的很關心環境。』」結果，莉亞重返學校攻讀了環境科學的碩士學位，然後到她擔任志工的環保組織當主管，以此重啟職涯。

女性投入密集母職的歲月也對於她們的生涯選擇產生意想不到的影響。前銀行高階主管阿曼達，因為想要照顧十幾歲女兒的運動傷害，激起她去追求流行病學的嶄新職涯：「我女兒游泳肩膀受傷，這是女性游泳選手的常見運動傷害，我想到這可能與青春期還有賀爾蒙有關，因為這種傷害通常發生在年輕女性身上，她們正經歷青春期……而且我也想到：『這就是我要研究的東西，流行病學會是一個好的起點』。」當更多的醫療危機在往後幾年接踵而至時（公公中風還有母親跟各種慢性疾病搏鬥），她也就成為大家眼中的家庭醫療經理。這些照顧家人健康的日常經驗，再加上她也投入時間在當地一所大學上一些科學課程，讓她打定主意攻讀博士，最終邁向了科學領域的學術生涯。

不想回頭　在評估未來職涯的可能性時，女性過往工作的負面經驗往往很明顯。由於她們依然偏愛兼職或其他彈性工作，因此過去因為高工時而逼使她們離開的工作，在一開始就對她們的決定影響重大，讓她們決定把眼光投射在其他對家庭更友善的工作。這也是為什麼非營利部門，尤其是教書（上班時間完全配合小孩的上學作息）對她們特別有吸引力的另外一個理由。

女性對過去職業的幻滅，尤其是曾在企業工作過的人，使她們與這些工作漸行漸遠。有些女性甚至在離職前就經歷了這種幻滅，她們身為母親還有主要照顧者的價值觀，跟她們眼中對家庭不友善、營利導向、男性主宰甚至是厭惡女性等等的公司文化，兩者之間的分歧逐步擴大。梅格說出她成為母親之後，自己在那個清一色男性的工作場所（交易大廳）裡，就越感疏離。她覺得自己現在與同事幾乎毫無交集，他們大多數是男性，家裡有個全職太太，或者根本沒有孩子。此外，工作中為了保持競爭力所需的大男子主義（machismo）和咄咄逼人，越來越不符合她身為母親的角色：「我覺得自己像變身女郎西比爾（Sybil）；我彷彿把頭轉了一百八十度，從一個『氣到要把你的眼球挖出來的人』，變成一個……嗯……會照顧他人的好媽媽。」

隨著她們更投入社區志願服務，有些女性發現自己漸漸被非營利世界對母親更友善、也更有社會意識的工作文化所吸引。之前在醫院擔任執行長的莉亞就是這樣變成了環保倡議者；沉浸在非營利的社區工作與政治自由的環境，促使她看待過去工作生涯的方式有了明顯的轉變，以致於現在，當她想到過去嚴守的企業與牟利心態就「畏縮」了。

改變的時候到了　年紀漸長還有日益成熟的過程，可能進一步把女性推向「回饋」之路。研究衰老以及生命歷程的理論專家，從榮格到埃里克森（Erik Erikson），再到當代生命歷程學者麥克亞當斯（Doug McAdams），他們都說中年晚期是奉獻服務（generativity）增加的時刻，人們到了這個生命階段，極度渴望增進他人的福祉，也希望對下一代產生深遠的影響。[6]與此相關，研究人員發現，有一群人數較少但不斷增加的長者選擇在中年之後轉換跑道，進入有益社會的領域尋找有意義的工作，像是教育、健康照護、政府及非營利工作。不論是稱「第二人生」或「職涯安可」（encore careers），這種變化反映出在越來越長壽以及晚年樂活的脈絡下，美國人越來越需要（也越來越有能力）工作到更老，同時也渴望到了中年晚期之後可以回饋，並帶給社會正面影響。[7]

此外，最近關於女性生命歷程職業生涯模式的研究表明，職業女性在中年晚期的生涯選擇，要比之前的階段更有可能受到尋求真實性（authenticity）和內在意義的影響。針對職業女性隨時間改變的職涯型態，社會科學家曼尼洛（Mainiero）和蘇利文（Sullivan）發現，女性的生涯價值觀和動機會在不同生命階段轉移，大致反映她們工作—家庭軌跡那條弧線。標準的模式是職業女性從職業生涯早期專注於挑戰和成就，進入職業生涯中期強調工作與生活結合，再到職業生涯後期（對應空巢期）注重真實性。根據曼尼洛和蘇利文，對於那些因生命日漸成熟、自我知識增加還有擺脫家庭需求羈絆的職業婦女來說，工作在她們生命次序的變化，讓她們覺得更為真實。[8]

同樣地，一般來說重啟職涯的人，尤其是改變軌跡的人，對於找到更貼近她們這個生命階段（四、五十歲）的核心價值與興趣的工作，有著強烈的渴望。如我們在第四章所見，這強烈反映出她們傾向把工作的內在回報（意義、樂趣與社會影響力）放在首位。女性把滿足感擺在薪水之前，這顯然是她們階級特權的產物。但一些女性的評論也表明，她們對工作的取向從外在轉到內在，也可能是她們越顯成熟的結果。年齡與生活經驗的增長，似乎讓她們有更大的自覺，認為工作要符合自己的偏好，也讓她們有更多自信，比較不那麼看重外在的肯定。過去是醫院執行長的莉亞說，她之前的職涯有部分反映的是她更年輕時的價值觀，還有那個更需要社會肯定的自我：「好吧，所以我認為如果我必須重新來過，我會進入醫療保健行業，因為我父親是醫生，我母親是醫院募款人員，就好像我注定要進入這一行……我覺得自己會十分在意外在成功的職務，而且在某種程度上會是『哦，我是一個擁有ＭＢＡ學位的女性，我必須要做到那個、那個、還有那個』，這裡頭有許多的價值都勝過其他選擇。」

有些女性職涯的改變是出於日漸意識到自己的衰老、時間的流逝以及職涯的前景越來越黯淡，因而越來越急著遵循自己的內心。梅蘭妮（Melanie Irwin）在快要五十歲的時候，熬過了癌症的打擊，不久之後還經歷二十五年婚姻的瓦解。在她五十歲生日前夕，面對自己的死亡，還有可能餘生中都要孤家寡人，她決定要「為我的生活加油。」一時興起，她選擇了騎馬這項嗜好，最終還買了幾匹馬。然後，在她的老么上大學後不久，她在鎮上開了一家可以讓人騎馬以及讓馬兒住宿的馬棚。當她挖掘出自己晚年的熱情，梅蘭妮很清楚自己不會再回到過去在高科技領域擔任行銷主管的工作，她現在瞭解整天賣東西——電腦——不再是她熱衷的興趣。

從本質上來看，選擇離開職場一大段時間之後，重啟職業生涯的經驗在過去與現在那個上班的自己，寫下了一個清清楚楚的斷裂。雖然退出職場並非大多數女性計畫或預期的生命事件，但就如同梅蘭妮的故事所示，這樣的職業生涯破裂（儘管明顯流失了一些東西），也有可能成為一個創造性成長的機會。也就是對於一些女性來說，這提供了一個即興發揮的機會，可以把她們的新舊興趣和技能縫合到不同的職業生涯之中，使之更符合她們改變之後的身分認同。[9]但代價是什麼？女性如何走過職業生涯重新定向的變化？

冒險的事業　一旦到了重啟職涯的時刻，楠總共只花了「大約五分鐘」就決定不要回到以前的出版領域。楠清楚說出了許多人在這個關鍵時刻的感受：她們過去的職業生涯現在看來是一個無法挽回的過去、褪色的殘跡，對她們沒有太多的吸引力和承諾。雖然楠知道自己不想回出版業，但是尋找和準備新的職業是一個更漫長、也更有挑戰的過程——也幾乎無法保證成功。楠舉了一些令人欣慰的觀察，她的鄰里附近許多選擇退出職場而有才華的女性，在重返職場時，也拒絕回到老本行，而且還使盡吃奶的力氣再造自己的職業。

轉換跑道不僅是最常見的策略，也是最困難的重啟策略。採取此項策略的女性經常會換工作、改變職業軌跡，或者在重新啟動數次之後離開職場，接著又重新進入勞動力市場。一開始選擇轉換跑道的女性，也比使用其他策略的女性，花費明顯更長的時間才能重新開始；也就是說，她們基本上在離開職場整整十二年後才能重啟職涯——比修正跑道的人多了七年，比捲土重來的人多了四年。

為什麼轉換跑道是如此不安且漫長的過程？這就像創業，展開第二個職業生涯基本上是一場創業冒險——一場有風險的奮鬥，夾雜許多不確定性、需要大量的投資、試誤，並且容易失敗。

再投資、再認證　對於大多數轉換跑道的人來說，來到全新領域從頭開始所需的訓練和準備，需要大筆的投資——或「再投資」（這是基於她們之前的職業訓練和認證而言）。取得新的教育認證，是此類投資中最耗費時間與成本的一項；想當然爾，走向轉換跑道的女性，比起採取另外兩種策略的女性，更可能這樣做。大約有一半轉換跑道的女性，在某個時間點至少又取得一張教育認證（碩士學位、專業證書或博士）。

雖然有些女性進修拿學位是為了獲得文憑，但阿曼達也把她上的課程視為目的，亦即幫助她探索和琢磨她的職業方向。別忘了，阿曼達變成家族醫療經理的經驗使得她先攻讀了一個生物學碩士。阿曼達雖然喜歡這個課程，但卻發現自己對於這是否是適合她的科學領域，稍有保留。因此，阿曼達又在她所在城市的一所菁英大學讀了兩年學士後科學學位，這讓她可以涉足到基礎科學中各式各樣的進階課程，同時也完成各種先修課程，假如她決定攻讀科學博士，可能就需要這些。隔年，她又在附近一所醫院的生物化學實驗室完成不支薪的實習工作，也更加確定她對化學研究的志向。最終，阿曼達的廣泛修課、認證再加上親自擔任研究室志工的經驗都獲得回報，一所名校的化學博士班錄取了她，而那正好是她的首選。

即使有些女性並未投資新的證照及學歷，但她們以其他方式付出了學費。對於大多數人來說，這包括了在小孩就讀的學校或當地的非營利組織從事多年的志工。正如我們在第二章看到的，志工的工作要求可能很高，也要花上許多時間，相當於一份需要大把時間的兼職工作。對於許多女性來說，志工的參與是一個過程，出於媽媽渴望更投入社區與小孩學校的生活。然而，有些女性把投資在新領域的大量志工工作當成一種策略，測試她們對新領域的興趣有多大（還有準備投入）。

此外，轉換職業生涯可能會需要投入更多時間與經歷到那份工作，才能加快腳步跟上新的領域，就如同從律師變身為非營利機構主管的蘿倫所解釋：「我會說這在很多面向上都是一條漫長的學習曲線——許多非營利機構的管理還有方案評估的問題——那是我以前都沒碰過的事情。一直到現在都是如此，我每個禮拜五基本上都在閱讀這個領域的資料。」

從試誤到掙扎　有一些女性，比如梅格和蘿倫看起來是直接划向她們的新職業，然而，其他女性則花了數年時間試誤與試驗，遊走在各個工作並且（或）接受不同的教育經驗，想辦法畫出新的職業路徑。回想我們在第四章提到的艾蜜麗，她繞了幾份不同的工作和職涯的策略，最終發現自己適合當小老闆。此外，正如我們在阿曼達身上所見，在試驗不同職業途徑時，教育認證可能成為一種有用但相當耗時的工具。

有時，試誤的過程會走向死路。莉麗（Lily Townsend）一開始是回去當公司法務的老本行。

然而，五年換過幾家不同的事務所之後，莉麗意識到辭職前的矛盾心理，而今終於確認這種感覺。此時，她再次離開並重新思考自己的選擇。莉麗回想起大學時主修英國文學時她對語言的喜愛，因而有了投入出版界的想法。莉麗花了一些時間跟任職於出版界的大學校友瞭解相關資訊，他們警告她出版業正在萎縮而且薪水相對較低。她絲毫不氣餒，對於新的職業抱負，持續充滿邁進的熱情，她說：「我想是時候享受自己的工作了。」

接下來的兩年，莉麗上了一些必要課程，從市內一家頗受敬重的出版培訓方案取得專業證照（都是人家建議她要「跨過門檻」而必須上的課），並且做了各種無償的編輯工作。起初，運氣似乎站在莉麗這一邊，沒多久，她就在一家小型的線上教材公司找到一份特約編輯的兼職工作。但是，她對於這份工作越來越多行政庶務感到不滿。一年後，莉麗辭職不幹，雖然她繼續奮力不懈地找工作，但她帶著悲傷的語氣說：「基本上，這是一個黑洞。」

接受我們追蹤訪談時，也就是她決定離開法律界整整七年之後，莉麗依然找不到一份有穩定薪水的出版社工作。反之，她做的就只是一份辦公室打雜的兼差工作。眼見空巢期近在眉梢，莉麗覺得是打起精神努力找工作的時候了，但是她對於前途一點也不抱任何希望。

容易失敗　雖然莉麗明顯沒有出路的職業軌跡更像是例外而非常態，但它也點出那些轉換跑道的女性面對的是一條容易失敗的路。如同莉麗一樣，顯然有少數的轉換跑道者不是難以找到工作，就是無法在她們選擇重啟的領域持續工作。這群苦苦掙扎的轉換跑道者，似乎有一個共同點，她們在那一個專業裡頭身為一名**老菜鳥**的地位有如契約工。轉換跑道的人進入這麼一個高度競爭的就業市場特別危險，因為她們的老練，在一個大部分是新鮮人在找工作的領域，反而是劣勢。偏向年輕工作者的年齡歧視，在晉升之途比較漫長的出版界與學術界，特別明顯，因為人們認為年輕人有比較長的保鮮期（shelf life）。莉麗早就知道出版業的求職市場，但一直要到後來她在出版業的一份工作時，才得知道這行嚴重的年齡歧視：「他們讓你從大學畢業之後就一直待在最底層，你必須要自己往上爬。如果你年紀漸長，之前也做過其他事，有一些技能，這裡真的不是一個適合你的地方。」

阿曼達也面臨類似嚴重的年齡歧視，一個年紀比較大的人卻才剛踏入一個高度競爭（與萎縮）的科學學術領域。當她開始找學術工作時，她從指導教授與同事那裡得知，自己面對的是一場艱難的戰役，因為在學術終身職的聘用體系裡，比較受到青睞的是年輕的申請者，而她卻是一個比較年長的求職者（五十出頭）。由於有可能無法在學術界安身立命，因此阿曼達已經在探索其他選擇，但她也體認到學術界是唯一允許她做自己最想做之事的一條路——追求自己的研究之路。

轉換跑道的女性面臨另一個脆弱點，這在緊縮的勞動力市場中尤為明顯；做為所屬領域或工作上的新人，她們面臨著「最晚進用，最先解僱」的現象。過去是國際銷售經理的娜塔莉，在取得教育碩士之後，一直很享受她的新工作，那就是在當地一所公立中學擔任語文老師，直到學校新的主管決定要砍掉語言人文課程為止。身為一名菜鳥老師，也就是「身分最卑微的人」，她因此被學校降為兼職人員。娜塔莉因為急著想要有全職收入（她的丈夫由於行內景氣衰退的壓力最近剛被裁員），因此她又在另外兩個她覺得工作機會可能比較多的領域重新取得認證。但隨著公立學校受到的資助大幅削減，娜塔莉的求職徒勞無功：「講白了，就是往池塘裡扔石頭一樣，無人回應。」

女性以擔任小老闆來重新啟動職涯，也面臨很大的失敗風險。幾位女性開展自己的事業有部分原因是她們相信這樣比較能控制自己的作息。然而，創業是一種聲名狼藉的冒險行為，為了建立一個成功事業所需要耗費的大量時間，可能使得創業所擁有的作息自主化做一場空。過去擔任行銷主管的克莉斯汀，成立了一家創業女性領導能力的諮詢公司，結果僅僅兩年就關門大吉。諷刺的是，她的業務——協助財富1000的公司推動工作與家庭政策的現代化——比她所預期的還要頻繁到國外出差，根本兼顧不了家裡的三個小孩：「公司向我諮詢彈性工作的政策、工作與生活平衡的問題，以及女性離職的問題，然而我卻不大遵從自己盲目的建議（Kool-Aid）。」

艾蜜麗和梅蘭妮也都開創了自己的事業，但因為已經到了空巢期，兩人的進展比起創業需要投入大把時間的克莉斯汀還要順利許多。然而，在我們追蹤訪問她們的時候，即使已經創業多年，兩個人還是很努力地要讓公司打平，並且學會那一行的做事方法。

偶然的生活，偶然的職涯　進入新的領域重頭開始，也就代表一些轉換跑道的女性受到工作不穩定與工作混亂的另一種來源所影響。正如我們所見，女性常常會被吸引到薪水明顯不如她們過往職業的領域（雖然在她們眼中更有意義也更真實）。不幸的是，這種低收入的職業生涯特別容易因家庭收入意外大幅下滑而顛覆。丹妮絲喜歡她重啟職涯所做的中學自然科專任老師，儘管這份工作賺的錢只有過去收入的杯水車薪。但是，當她擔任公司律師的丈夫決定退休時，丹妮絲注意到先生要求她扛起家計、重返過去比較賺錢的工作。同樣的情況也發生在娜塔莉身上，她最終離開重啟職涯所擔任的中學語文老師，跳到教科書行銷的商業世界。這一次她突然轉到比較賺錢的行業，有部分即是因為她先生在不景氣期間工作變得不穩定。因此，女性重啟職涯時被吸引進入的工作類型——薪水不高的工作——往往會強化她們因家庭需求而導致職業生涯無法穩定持續下去，在這個例子中，影響她們的就是丈夫的職涯。

工作等於我們　儘管職業生涯再造的過程肯定漫長與困難，但令人訝異的是，一旦轉換跑道的人看中一條路，就很容易**獲得**一份工作。其中一個原因是女性在停工延長期間所主動參與的社區志願工作，有如一份獲得認證的無薪實習，讓女性具備了未來領域的工作技能、經驗與重要人脈（即使大多數人一開始從事這些活動並無意為新的職業生涯鋪路）。

大約有一半的轉換跑道者能成功利用她們的志工經驗找到工作。過去在醫院擔任主管的莉亞，曾在好幾個著名的環保與野生動物保護組織的理事會從事各種慈善活動，這些經歷幫助她開啟新的職涯，而讓她在其中一個非營利組織找到一份主管工作。莉亞在取得環境科學碩士學位之前，其中一個理事就知會她這個組織將要開一個主管缺，而她拿到這份工作很有可能是因為她在該領域深厚的人脈還有長期的志工經驗。

女性的富裕背景不僅讓她們有時間發展自己在新領域的天份，也提供了發展新領域工作所需的資源。多拿幾份文憑不只耗費時間，也可能所費不貲，但學費對她們似乎不是阻礙。此外，轉換跑道自己做生意的人，也能夠透過家裡的資產，提供創業所需負擔的高額成本，排除創業常見的資金阻礙。例如，艾蜜麗能夠買下那家小店面，最終變成她小精品店的基地，靠的是說服老公當成是家裡不動產的投資而資助她。同樣地，梅蘭妮利用離婚協議拿到的錢去投資騎馬生意。

總之，雖然挖掘以及準備新職涯方向的過程經常很漫長又很沉重，一旦她們熬過去，女性出人意料地處於有利的位置（除了幾個明顯的例外），得以在她們選擇的領域找到工作。轉換跑道者的階級特權再加上動力，基本上使得她們可以重新創造她們的人力資本及社會資本，也經常（即使不是往往）讓她們在新的領域成為一個有競爭力的求職者。

策略二：修正跑道

曾是醫療照護的主管麗莎，在離開職場不到一年的時間，就決定回到過去就職的領域擔任接案的顧問。起初，也幾乎是預設，麗莎找的就是醫療照護的顧問工作。她知道自己專精的領域有許多以接案為基礎的工作，而擔任顧問比起她過去在醫院裡的工作更能掌控自己的作息，之前那份工作的常態就是上班時間很長，而且也固定安排在一大早與深夜跟醫生開會。然而，麗莎仍然不確定顧問這份工作只是短暫棲身，還是長期工作的安身立命方式，所以她尋求職業顧問的建議。她也和獵人頭公司開過幾次說明會議，他們聯繫麗莎，想要安排她去做比過去的管理職還要高一階的工作：「這很有趣，因為他們會向我說明這些工作的內容，我就會說：『喔，太棒了，我要應徵』。然後就參加了幾次面試。但是當我聽過他們的說明之後，心想，『我才不要再做那樣的事，我不想要跳回去我已經擺脫的職場政治、上班時間、壓力還有完全缺乏彈性的工作』。」

麗莎修正跑道的策略——在過去的領域尋找接案的顧問或約聘工作——非常普遍（幾乎有三分之一重返工作崗位的女性採用）。這個方法允許女性能更有自主性地控制自己的工作時間表，而且無須放棄過去的專業。自雇很有吸引力，因為它讓女性有在家工作的自由，能安排自己的時間，並且可以配合她們所要承擔的家庭責任來挑選案子。被吸引到這種策略的女性，基本上是喜歡她們原先職業的工作內容，而且在那個圈子裡有許許多多的接案機會。當然，對於修正跑道者的生涯選項來說，接案的吸引力與可行性，取決於她們配偶的工作是否有完善的福利，能讓他們獲得家庭醫療照護福利的特權。

使用修正跑道策略的女性，往往基於很強的經濟動機而重返工作崗位。因此，有些人可能傾向於在她們以前的領域當個自雇者，因為這是重啟有家庭彈性的職涯最快速、最實際、也最容易達成的方式。有時候，修正跑道使得女性在不喜歡過去職業的某些方面時，可以調整自己工作的內容或架構，讓工作更有吸引力或更令人滿意。例如，前資深編輯溫蒂（Wendy Friedman）發現，重新跨入出版業當一名接案的自由工作者，讓她可以甩掉對過去那份工作所厭惡的「企業」元素——沒完沒了的工作量、會議和行政責任——同時保留她喜歡的部分：「我喜歡和作者一起工作，而且享受我接下來的這些案子，因為我只需要做單純的編輯工作，而不用去處理那些真的很煩的其他事情。」

來得容易　修正跑道的策略從許多方面來說，都是三種重啟策略中最簡單、最容易獲得、也最穩定的方式。整體而言，修正跑道的人，比起轉換跑道以及「捲土重來」者，更容易找到第一份工作，也比較不會走上一條混亂的職涯重啟之路。此外，修正跑道者從辭職到重啟職業的時間最短（通常只有五年）。較短的軌跡可能是基於緊迫的經濟需求，但也可能反映出修正跑道是一種比較容易的重啟策略。

修正跑道者比起轉換跑道者似乎有一個很重要的優勢，因為她們是回到過去的領域（雖然是臨時工），可以倚靠自己已有的人力資本與社會資本。另外，由於她們離開勞動力的時間較短，並且經常主動和過去的同事保持聯繫，因此她們的職業網絡會比較活絡。前編輯溫蒂離開職場不到一年，受益於仍然活絡的人脈，如她以下所述：

> 所以我有個從事文學經紀人的朋友只是對我說：「妳想要替我做點小事嗎？」就只是看看書稿，然後幫忙修一下或重寫一下提案，這就是一點小事……嗯，這個經紀人是我一起共事多

> 年的朋友。所以我說，「當然啦！這沒太大問題！」……我離開這一行不算太久。每一個同事還是很好，會帶我出去吃午餐……所以，這有點像是從那裡開始當個自由工作者。

儘管溫蒂創辦的諮詢公司不大（到處接幾個案子），並且是無意中開始而不是汲汲營營，她從「家庭優先」開始最終或多或少順利地轉換到重啟階段。來到這個階段後，她更仔細也更主動地想著如何撐住一個特約編輯實實在在的職業生涯。許多修正跑道的人都跟溫蒂一樣，在第一階段投入的自由工作，都有助於讓她們快速重啟職業生涯的道路更為順遂。

不過，修正跑道者得以輕鬆找到工作，還有另一個重要的理由。正如我們在第三章所見，一般來說，臨時工作的就業市場比較沒那麼競爭，這成為女性重返職場相對容易的切入點，不僅是在家庭優先階段，就算是職業生涯重啟階段，也是如此。畢竟，假如職缺只是短期或臨時工作，未來的雇主比較有可能挑選一個已經離開業界多年的員工。如此一來，有些女性（尤其是那些已經離開職場較長時間的女性）實際上也會把尋找約聘工作當成深思熟慮之後的策略，藉此克服女性選擇退出職場帶來的污名，並且在過去的職業中先站穩腳跟。

過去曾在大醫院擔任副總裁的布魯克，使用這種策略重新回到她已經離職五年的醫療照護管理工作——她說這段空白很巨大，「像健康照護這樣的產業，支付系統日新月異，新技術不斷冒出來，許多工作都可能改變。」有人建議布魯克至少一開始不要找管理職的工作（相當於她離開時的職位），而是去找臨時職缺。布魯克大大仰賴自己和前同事的廣泛人脈來找工作，包括她原本的老闆和上司，以及她長期有往來的職業女性健康照護管理協會。她很高興地發現，即使離開了五年，業界依然認可她高超的技能，還有她的專業價值，她說：「一旦我開始聯絡，我發現同事、工作上的朋友都非常支持。我要說的是，她們對我都充滿鼓勵。要我去聯絡誰，提供各種協助。所以這也再度讓我受到支持。」布魯克兩管齊下的策略，也就是積極但有目標的聯絡，還有接受約聘工作，很快地就得到回報。開始找工作不到三個月，她就有兩份工作可以挑選，兩份都是醫院管理的短期計畫工作，也符合她偏好的兼差工作。

去得也容易　修正跑道策略的缺點在於不穩定。臨時工的本質可能難以維持長期的穩定；因此，女性普遍提到她們在取得工作機會時都經歷了大起大落，而要長期維持她們所渴望的平衡生活，也很困難。

另一方面，這種策略的風險在於工作太少，對於需要賺錢做為家庭主要收入的人來說，這一點事關重大。潔西卡就是如此，她先生在金融危機期間經常面臨失業打擊，這激發她以接案行銷人員重啟職涯。雖然潔西卡很訝異自己可以輕鬆找到案子（前同事與業內的人有時候會主動發包給她），卻也發現很難避免案子與案子之間的空窗期。案子也有可能無預警結束，再加上她先生的工作非常不穩定，所以這對於家裡的財務可能有很嚴重的影響。舉例來說，潔西卡曾受聘擔任一個計畫的行銷顧問，但這個計畫卻突然發生財務問題：

毫無預警的情況下，他們在去年十一月把我解僱，接著我們就沒錢了。這很糟糕，真不是時機。我丈夫到一家新創公司上班，但他的薪水低得可憐，真的就只是意思意思。而且你也知道，新創企業的預算都很緊。當案子結束時，實在是一大打擊。不只因為那是我最喜歡的工作，你也知道的，我在家工作，自己安排時間，而且我們需要錢。……所以再一次，太多的起伏震盪，在這種不景氣的情況下，你可能也聽了很多；我們也瞭解到再也沒有所謂的工作穩定。因此，工作結束得很突然，去年底的時候，我們一點收入都沒有。這就像假期來了——卻什麼都沒有。實在有夠慘！

雖然沒工作的時間只持續了四個月，但這段經歷令人不安，也讓潔西卡理解到兩件事：自由工作者「不能真正指望長期的前景」，而且要比她心裡所認知的更花時間「發展業務」。

另一方面，有些女性會抱怨案子來的時候，有時是應接不暇。特約編輯溫蒂說道，以接案為主的工作，搖擺在彈性工作的好處與「超級難以預料」的詛咒之間。她和先生兩人都是在家接案的自由工作者，他們發現，雖然兩人都很享受彈性的工作安排，「但有時候週末當大家都在公園裡玩樂，或在市區看電影，我們卻要在家工作，做到天昏地暗。這就是取捨。」這段話的意思是，女性在職業重啟階段跟她們在家庭優先階段一樣，依然享受著自由工作者的彈性，但假如她們想要以顧問的身分維繫職涯，在這個階段她們也沒辦法隨便拒絕需要花很長時間的案子。

策略三：捲土重來

當凱特在三十七歲離開國際行銷經理的工作時，她絲毫不懷疑自己在不久的將來，一定會回到自己的專業領域工作。雖然她這份工作的上班時間很長，也幾乎都在出差（這也是她生了第二個小孩一年後辭職的主要原因），她一直熱愛自己的工作，這份工作讓她覺得自己對於塑造公司全球品牌的認同，有著重大的影響力。

正如我們所知，凱特確實在五年後重返職場，原因是她先生決定辭去利潤豐厚的金融工作，開一家新創公司。但在情感上，對凱特來說，重返職場並不容易。「我覺得自己並沒有再次重返工作崗位的信心，因為我並未跟上行業趨勢，所以我絕對害怕再走進去。」

凱特的恐懼不僅僅是履歷上那五年的空白。由於最小的孩子還沒上學（另外兩個還只是念小學），她也很擔心在過去那個高度競爭、瞬息萬變的職場尋找一份有家庭彈性的工作，會令她氣餒。儘管心存疑慮，凱特還是很快就找到了。這份工作看上的是她行銷的經驗，不但是一家頂尖的顧問公司，更重要的是提供了工作的彈性。由於這份工作並不需要直接和客戶接觸，也不大需要出差，而且讓她可以按照自己的安排工作，甚至有時候可以在家上班。「我是說只要有黑莓機（手機）和電腦，我就可以坐在計程車連上網路，也就可以隨時隨地看我的電子郵件。」

儘管如此，凱特發現這項工作一個接一個的計畫截止日期還是相當緊湊。她發現自己晚餐之後經常還要打開辦公室的筆記型電腦，一直工作到深夜。兩年後，她把工作時間縮減為原本的百分之八十，她解釋說：「我只是想要多一點彈性，假如我必須在兩點鐘離開工作去學校看小孩，這樣就不會有罪惡感。」但即使是這樣的安排也落空了，凱特意識到她試著限制工作的方式可能「瞬間消失，我不擅長拿捏工作的界線。」她花了四年努力拉抬自己的職業生涯後，默默地再次選擇退出職場，當我們再度訪談時，她依然待在家裡。

凱特的故事說明了女性使用的第三個也是最後一個重啟職涯策略——我們稱之為**捲土重來**。這指的是女性以終身（不是臨時）為前提，費盡心思尋找願意接納她們工作需要彈性的老闆。顯然，這些老闆絕對不是她們原先的雇主，在她們眼中，以前的雇主幾乎無法通過彈性的測試。三分之一的職業重啟者能夠在最初的重啟時以這種方式捲土重來。但正如我們在凱特的故事所見，這可能把女性錯置或留在她們之前的起點。

為何捲土重來？　毫不意外，捲土重來的女性比起轉換跑道的人，往往更容易經歷現在的興趣及價值觀與過往職業之間的拔河。這種情況在重返教育領域的女性身上最為明顯。這些女性一直覺得她們過去的職業對她們來說很重要、有意義且有急迫性（她們家務特權的經歷，經常會提升之前吸引她們投入教學工作的價值觀和興趣）。此外，教書工作與女性主導的本質，還有以小孩為中心的作息安排，使得她們在休息很長一段時間再度重返，也不會有其他女性重返其他領域所要忍受的污名。我們追蹤訪談時，已經重啟職涯的三名老師，全部都是採取捲土重來的策略。

有些捲土重來者選擇的是比較令人氣餒的道路，她們試著回到菁英（主要是男性）宰制的職業生涯，這種職業環境對於她們這些職業婦女並不友善。這些女性深深依附在她們過去的職業生涯，但是她們重返的熱情及動力主要是看她們能否找到公司，願意接納她們對於彈性的不斷需求。如我們所見，凱特對於過去那份國際行銷的工作有著滿滿的熱情，但是她也知道自己回到前公司，也就代表著要三不五時出差。所以，她連試都沒試。反之，她把觸角伸向顧問工作，至少是剛開始的時候，這種工作似乎可以配合她所需要的彈性。

捲土重來的女性若回到雄心壯志的工作，像是法律界與商業界，她們預想在這些領域尋找兼職工作將有如大海撈針。因此，有些人會在非預期的狀況下妥協。貝蒂娜相當確信，一旦孩子到了上學的年紀，她就想要重返過去的法律工作，但是她對於能否找到一份兼職工作毫無信心。在她計畫回歸的前一年（她最小的孩子還在讀半天的幼兒園），貝蒂娜無意中聽到在她的專業領域有個兼職工作要找人。這家小公司離她家也就十分鐘路程。她說到自己心裡想的是：「我真的覺得自己需要抓住這個機會。」她覺得自己如果還堅持等到更好的時間點再回歸職場，機會可能不站在她這邊，所以就接下這份工作。

有超過三分之一捲土重來的女性認為，錢是回歸時機的主要動力。如我們所知，先生的薪水與職業生涯的變化，幾乎是最直接的因素。讓我們回想一下丹妮絲的決定，她為了重返過去（比較賺錢）的職業，亦即藥廠主管的工作，因而縮短了她在中學教書的幸福生活。這件事的催化劑是先生即將退休，而她需要和先生交換角色扛起家計。

> 我先生決定……他已經為公司打了二十一年的官司，實在很煩。他說：「妳很清楚，我們做夠了。我們存小孩的大學學費，現在已經達成了。〔小兒子〕準備要去上大學了。我一分鐘也不想再忍了。妳說妳要回去。妳要回去嗎？因為如果妳這樣做，我就在這裡退下改變現在的生活。」我瞭解只有這樣才公平。我很喜歡教書，但是我也有意回藥廠上班。所以我就這麼做了。

輕鬆駛進入口　大多數捲土重來的女性，都沒有遇到什麼困難就獲得第一份重啟職涯的工作，即使是在她們之前男性主導的行業裡尋求具備家庭彈性的工作，也是如此。這並不是說這群女性不費吹灰之力就可以找到工作。可以確定的是，她們有著精明的策略而且非常努力。莉麗使用專門的人力仲介公司，顯然就是一例。儘管大多數女性更常運用傳統的做法找工作，例如口耳相傳、搜尋求職廣告和投遞履歷，她們通常是精力充沛且積極主動。

但是除了求職的動力之外，捲土重來的女性（就像轉換跑道與修正跑道的人）也夾帶強大的社會資本和人力資本。正如我們所見，這些資產是她們的能力和階級特權的產物，她們求職時，也把自己出色的文憑、專業的技能、著名公司的工作經驗，還有前同事的人脈都納入其中。雖然這個資本不免已經隨著時間貶值，並取決於她們離開勞動力市場的時間長短，但這些女性的工作資歷仍經常讓她們站上菁英階級，即使是在專業人士之中，她們也是菁英。此外，捲土重來的女性尋找的通常是對家庭友善的工作，而不是資深的最高職位——由於履歷上的空白，她們在這種職務上遠遠沒有競爭力。

凱特的情況也說明了這些因素的交織影響，當她開始找工作時，很快就在一家頂尖的顧問公司找到工作。雖然凱特欠缺顧問工作的經驗，也離開職場將近五年，但她在零售與消費物品的專業及高端產業的知識，不僅少見也很重要。此外，說到凱特跟公司的往來，她有好幾層優勢。她透過在這家公司工作的大學老友引見，而得以跟她那個領域（零售與消費品）的負責人接上線。凱特的父親過去有很長一段時間在一家類似的公司擔任顧問，在凱特大學時，也幫她在那裡取得實習機會。錦上添花的是，凱特跟那位主管面試的時候，竟然發現他太太固定與她的一個好鄰居、朋友聚會，這也讓兩個人忍不住大笑。如凱特總結說：「我的意思是……他們聘我沒有什麼風險。我就是他們要的人。」

丹妮絲也順利回到她之前藥廠主管的工作（比起一般人還要無縫接軌）。不僅是因為她所在的產業非常缺人，她本身也是一個少見而實力堅強的人選。她一方面頂著優秀的學歷（一流學府的博士），另一方面在她辭職回家照顧孩子之前，她在這個行業就已經功成名就了。策略上來說，丹妮絲也一直和過去的女老闆及上司保持聯繫，同時她在製藥產業的女性主管與科學家專業協會，也一直很活躍。根據丹妮絲的說法，當她解釋自己離開業界那段時間在做什麼時，人事經理看起來眼睛眨都沒眨一下：「我說我當了N年的諮詢顧問，也在中學教了科學與數學，還教了三年弱勢的小孩……這裡是我全部發表的論文。如今我來了，我回來了！然後對方就問，『妳什麼時候可以來上班？』」

一事無成？　女性常常驚訝於她們相對容易就找到一個看似可行的入口，而能回到她們過去的職業。正因為如此，她們也常常沒準備好面對醞釀中的風暴。許多捲土重來的女性並沒有隨著時間推進而逐步穩定職涯軌跡。捲土重來的女性一開始選擇重新進入男性主宰的領域或是男女混合的菁英職業，基本上就構成這種混亂的局面。幾乎所有重返過去職業的女性，在五年內都會放棄她們重啟的職涯。因此，她們要不是不再回去工作（第二次選擇退出職場），就是試著徹底改變職涯方向，展開一段有時候很混亂的職業再造過程。因此，從比較長遠的角度來看，捲土重來進入一個非女性主導的職業，經常是一條曲折、不平而且一事無成的道路。

這麼多捲土重來的女性為何再次走上出口，發生了什麼事？簡而言之，首先許多相同因素的交織，逼使她們離開軌道。第一個也最重要的就是工作彈性問題。捲土重來的女性一直對於彈性工作有強烈的渴望，尤其在至少有一個孩子還在念小學的情況下（她們一般來說要比其他重啟職涯的女性稍微年輕）。這些女性一開始就很努力與老闆爭取家庭彈性的上班時間。但是，隨著時間過去，她們經常發現她們精心規劃的時間表瓦解了，或者雇主並不像他們起初說的那樣有彈性。

我們在凱特身上清楚看到了這一點，她剛開始以為自己找到一個家庭與工作完美平衡的工作，後來才意識到工作的要求深深打擊了她陪伴三個學齡小孩的能力。

貝蒂娜也是這種情況的典型案例。貝蒂娜比原先計畫還要早一整年重返工作崗位（她最小的孩子尚未上整天課），為的是抓住在法律界難得的兼職機會。貝蒂娜很得意地說離開職場五年之後，自己並未忘記太多，還有法律界過去的同事也還記得她。「我覺得這是一種美妙的自我膨脹。起初真的很美妙。我覺得『這真的很棒！』」

但九個月之後，工作變多了，她最初僅安排一半的時間工作，現在變成至少要花四分之三的時間工作，偶爾週末還要加班。「其他律師都是全職上班，而且每一個人都在期待工作上門……同事們在走廊上都用跑的，因為他們承受龐大的壓力，要完成案子，還要趕上截止期限。這是一個節奏很快的環境。」貝蒂娜苦笑著說，其他全職上班的律師（和「期待工作上門」），幾乎都是有妻子留在家裡的男性。如此無情的節奏讓貝蒂娜感到她「不能滿足（老闆）的各種需要」，也不能保持真正的兼職作息。沮喪的她，於是辭職了。

就像她們第一次辭職一樣，丈夫對於女性決定再度辭職離開，扮演了默許但依然關鍵的角色。當先生的職業與家庭軌跡來到這個時間點，比起太太第一次辭職時，有些丈夫現在更沒有時間一起帶小孩或在家裡幫忙。這些還在追逐生涯高峰的先生，已經習慣了太太全職在家的好處，並且早已依此調整（或延長）他們的工作時間表。舉例來說，例如，貝蒂娜的丈夫是一名出庭律師，那是一份「極度、極度苛刻的工作。」」根據貝蒂娜的說法，丈夫對於她決定重啟職業生涯表達了不滿和失望，因為「這將會改變他的生活。」」這個因素對於貝蒂娜決定第二次選擇退出職場舉足輕重，因為「有連續一個禮拜他一步都沒踏進家門。」」當貝蒂娜工作不到一年而宣布決定辭掉這份兼職的法律工作時，她先生感到十分雀躍。

凱特在第一次受訪時，說自己「非常像是這間房子的營運長（COO）」（我先生根本就不管孩子，不管家裡的事……他壓根不做這些事）。第二次訪談的時候，她承認自己在家裡的地位幾乎沒有改變，即使她已經回去做全職工作。這個棘手的現實，不僅說明了她為何決定第二次退出職場，也點出她未來考慮做哪一種工作，因為「我先生工作的方式，他不會接手別人工作，所以我依然要當家裡主要的組織者和監督者。」

除了努力尋找平衡之外，捲土重來的女性回到男性主宰或男女都有的菁英工作，也苦苦尋找著合適的工作。有些人從試誤的過程中學到，她們重啟職涯的工作跟她們原先期待或預設的價值觀及興趣沒那麼一致；她們很快就發現自己處於職涯探索與工作流動的主動模式之中，非常像是那些轉換跑道的人。

離開的門檻很低　值得注意的是，好多捲土重來且對重啟工作失望的女性，不是辭掉工作另謀他就。反之，她們第二次選擇完全退出職場。如我們所見，有些人覺得自己再次經歷了前一份工作那種彈性不足而筋疲力竭的狀況；而有些人就只是理解到這些工作與職業不再適合自己。再度選擇退出職場的案例中，女性的階級特權默默地影響了她們的決定。她們沒有工作的經濟動機，也就是說她們離開的門檻很低，而要留下來的門檻相對來說很高——這份工作必須令她們相當滿意，而不只是彈性。[10]

在我們第一次訪問貝蒂娜的前一年，她第二次選擇退出法律職場。那個時候，她已經十分確定自己不會再回到工作崗位——永遠不會。「我們現在的情況是只要我先生持續表現不錯」貝蒂娜解釋，「我就不會被迫去賺錢。」由於經濟非常安穩（加上丈夫也明白表示不願她去上班），貝蒂娜的想法是未來要找份有意義的工作，轉向公益而不是繼續追求一個（可能充滿挫折的）職業生涯。正如她所言，「我認為只要無償奉獻自己的法律諮詢時間、接點案子或者發展一套可以運用在學校的新計畫，我就心滿意足。」事實上，十三年後，當我們再次訪談，貝蒂娜仍然全職在家（現在兩個小孩都上大學了），她積極想要結合她的志工工作與休閒興趣。

薪水在凱特決定再次選擇退出職場時扮演模糊但重要的角色。在她重返職場的四年期間，她先生創辦的對沖基金已經啟動，而且變成一家非常成功的公司。凱特的收入在先生的收入面前相形見絀，這讓她擺脫令人不滿意的工作環境，也讓她不再渴望重振事業。在後續的訪問時，凱特已經又全職在家兩年。最近有一家專門找主管的公司聯絡上她，有一份諮詢的工作和她幾年前離開的工作類似。但是，凱特發現一想到要跳回過去那種工作就渾身不安。她非常想要在不久的將來重新擁有自己的事業。但是，由於沒有經濟上的需要，她非常確定她只會選擇對的工作：不只要有充分的彈性，也要有意義，而且做起來夠愉快，才能讓她覺得有必要犧牲時間，離開她那幾個「不大不小」的孩子，她覺得自己留在家裡，還是讓孩子獲益良多。

規則的例外　有些女性從男性主宰的職業入手，並在她們過去的領域中成功重啟**並且**維持穩定的職業生涯。但是，這些女性的例外只證明了在傳統的菁英領域**維持**一條捲土重來之路，有多麼困難。丹妮絲就是一個值得關注的例子。當我們對她做追蹤訪談，也就是她重返原先職場的六年後，我們得知她不僅沒有捲土重來的女性所面臨的職涯損耗，而且事業還蒸蒸日上，沒幾年，她就已經從當初選擇離開職場前稍低一點的資深主管，快速晉升到公司第二高的副總一職。我們該如何說明丹妮絲捲土重來之後不但維持而且還更加活躍的能力呢？

時機，在這個例子就是一切。丹妮絲從頭到尾都清楚自己會重返她所熱愛的職場，但她想要等到小孩大一些以及自己可以處理工作上各種消磨人的壓力之後再回到職場。她先生的退休正好遇上空巢期，一推一拉讓丹妮絲重返她之前那份薪水豐厚但要求很高的工作。隨著孩子離家，丹妮絲可以自由地讓自己全心投入，踩足油門推進職業生涯，而她也這麼做了。

唐娜也恢復原先的律師身分，並讓自己在選擇退出職場後的重啟職涯維持良好的生產力。唐娜和丹妮絲不同，她在孩子還小的時候就已經做到了。唐娜長期成功重返菁英職業的祕訣，也使她變成另一種例外。她是在先生的公司擔任法務，因此她可以安排自己的時間，待在家裡工作，還可以挑案子做，這讓她可以在家庭與家庭事業的需求之間一直保持平衡。即使唐娜有時候覺得自己就僅僅是「公司裡無形的手」，卻也發現自己所選擇的道路很值得並且遠遠有彈性，比她在法律這一行裡的其他選擇更可行。正如她所言：「我對於自己要做的事、時機、方法、以及完成的方式都有更大的控制權。」

被迫選擇還是特權選擇？

有異於常見的說法，選擇退出職場後的職涯重啟，並不僅僅是單一事件，而是一段漫長、猶豫以及斷斷續續多年的工作轉換過程。不僅如此，女性選擇回歸職場所要經歷的困難，重點並不在於一般所說的找到工作，更多的是對於「對的」工作一種密集、有時候帶有挫折的追尋過程。如我們所見，這段追尋幾乎或多或少都帶有職業的再造，因為女性試著重新開始的職涯反映了她們已然改變的身分認同與優先順序。事實上，不論女性採取何種重啟策略，職涯再造都可視為女性用來重返工作的首要之途。女性職業生涯當中從未間斷的偶發事件，再加上家庭生活不斷變動的需求，在在都增加了女性職涯轉換過程的起伏與不確定性。

職涯再造也可以理解為女性主動的回應，同時也可視為女性回到過往職場時，面對其中的性別限制而很實際的因應之道。這些限制緊緊鑲嵌在家庭與職場，包括原先職業不彈性的高工時本質、以先生的職涯為重、還有在家務特權期間由階級所驅動的母職強化。

這些女性因為面對重返原先職業的障礙，因而採取職涯再造的策略，她們或許也可被視為生命軌跡的「企業家」。[11]她們因為選擇離開職場，所以大大偏離了傳統男性職涯的直線前進，她們每一個都必須創造自己返回職場的道路，而且幾乎沒有什麼制度性的支持幫助她們。在她們過去的職業之中，幾乎沒有什麼位置是敞開雙臂等著女性，也不存在家庭彈性的入口，也不會有相應的職涯手冊或生命軌跡地圖，一起引領女性在職業生涯的一大斷裂之後，走過重返職場之路。因此，這就和任何創投一樣，她們所嘗試的創新，既包含很具體的創意，同時也夾雜風險、試誤以及容易失敗。

但很重要的一點是，她們在職涯上的創新，雖然未受到文化的支持，但卻受到階級特權的強力支援。這些女性的富足背景給了她們經濟的自由，讓她們可以從自己的公益投入中，以及從家務特權產生的照顧文化中，去探索、投資以及追求新的職涯興趣。這也讓她們得以審慎選擇，將工作的意義與樂趣置於金錢之上。這種令人羨慕的選擇權，是社會上謀生工具較少的女性（或男性）難以享受到的。事實上，她們的階級特權所擁有的時間、資本與其他資源，讓她們得以執行與實現她們轉變後的職業價值觀和興趣。因此，職業生涯的再造可視為一種**被迫的選擇**，但也可看成是從特權矛盾中（女性在性別上的從屬以及自身階級特權的衝突）所產生的**特權選擇**。

前幾章提供了一個特寫鏡頭——或者以攝影來譬喻是一個變焦的視角——觀察女性從家務特權一步步過渡到職業生涯的重啟，這個過程的特色就是有著各式各樣的嘗試、磨難與勝利歡呼。

往後退一步用廣角鏡來看，我們要如何評估選擇退出職場還有選擇重返職場的長期影響？如何比較女性剛離開職場時的職業生涯與十多年後最終的落腳之處？她們職涯再造的代價超過她們獲得的好處嗎？還是相反呢？她們對於這些改變有多滿意或有多不滿意呢？這是我們下一章要討論的問題。

第六章
整體圖像

在我們這次追蹤訪談時，絕大多數（超過三分之二）的女性已經回到工作崗位，大部分都在職業重啟階段。她們未曾忘記自己原初的抱負，最終成功回到了職場，實現多年前我們首度採訪時她們所設定的目標。凱特先是用自己的行銷專長在一家消費品公司擔任產品經理，然後在職業生涯中斷後，她到一家業內領先的管理顧問公司擔任內部顧問。過去是註冊會計師的黛安，從一家非營利房屋機構財務長轉為接案的會計。伊麗莎白曾擔任管理顧問公司的合夥人，現在則窩在家裡，還沒想要返回工作崗位。楠從出版社總編輯過渡到教師助理。梅格從一家大型金融公司的交易員搖身一變成為當地一所學校基金會的發展部高級專員。丹妮絲是唯一再造和發展自己過往職涯的女性。她曾經嘗試過教書，現在則是一家生物技術製藥公司的副總裁。

前幾章我們詳細介紹了女性重回工作崗位的兩階段**過程**，其中也包含了在這過程中，她們對工作的複雜排序。相比之下，本章觀察女性的相關決定所帶來的**結果**，我們比較了女性退出職場前的最後一份工作與她們目前所從事工作的性質與職業類別有何差異。在此節骨眼上，重返工作崗位的女性處於工作旅程的不同階段：大約四分之一的人仍然在家庭優先階段，但大多數人——剛好超過一半——處於重啟階段。我們還訪問了一些「空巢者」，瞭解她們為什麼尚未重返職場，以及離開工作崗位多年後，她們現在的生活是什麼樣子。雖然這些女性的故事尚未結束，但我們比較她們選擇退出職場前和退出職場後的工作樣貌，藉此評估女性最後的結果，也就是整體圖像。為此，我們集中在社會科學家對於工作的幾個關鍵特徵。

首先，我們研究女性在職涯中斷前後那份工作的性別構成。女性進入和融入男性主導的領域被認為是性別平等的重要指標。此外，所謂的職業區隔則與因性別導致的薪資差距息息相關，而且性別解釋了其中很大一部分原因：亦即在其他女性占多數的類似職業中，薪資低於主要由男性占多數的工作。

其次，我們研究女性在選擇退出前後所從事工作的薪資和聲望，這是衡量她們經濟和社會地位的關鍵。針對這兩項分析，我們仰賴的是美國勞動力的詳細職業資料。[1]職業所呈現的大致是類似工作的分類，例如律師與教師，不指涉任何脈絡。職業也是工作的集合，有具體的地點及單位，例如德普律師事務所（Debevoise & Plimpton）的律師、紐約麻馬羅內客中學（Mamaroneck High School）的老師。這些分析把我們研究對象的經歷置於美國經濟和職業結構的大脈絡下，並再次幫助我們理解她們抉擇中顯現出來的整體圖像。

最後，我們分析了她們**工作**的具體情況（也把雇主的脈絡或背景列入考量），探索她們在工作中斷前後的其他特點。這樣可以看出什麼工作被看作是「好的」，像是相對穩定、有保障並且附帶醫療與退休等福利。[2]正如我們以下所見，除了一個領域以外，選擇退出職場會造成損失（甚至唯一的那個例外，她所維持的狀態也有待商榷，因為她雖有很高的社會地位但並沒有高薪）。但不大容易量化的問題是：她們付出的代價為何？為了回答這個問題，我們看一下女性是如何評估自己目前的工作。[3]

生命軌跡的再分隔及女性化

女性重啟職業生涯最基進、最具破壞性的策略，也最常見的策略，就是到一個全新的領域重起爐灶。梅格和楠的故事表明，女性願意大費周章把工作重新帶入她們的生活，並且大力告別職業生涯的前一頁，因為這些工作以前並未滿足她們的需求，而現在依然有不足之處。在家的時候，女性發現照顧家人的吸引力，再加上人到中年，使她們想追求人生更大的意義，也仍渴望留一點時間給家庭，因此使得她們探索傳統的「女性」職業，例如老師，而這類工作是她們許多人初入職場時捨棄的選項，因為她們那時想追求的是「男性」職業中（例如法律或商業界）較新的機會。

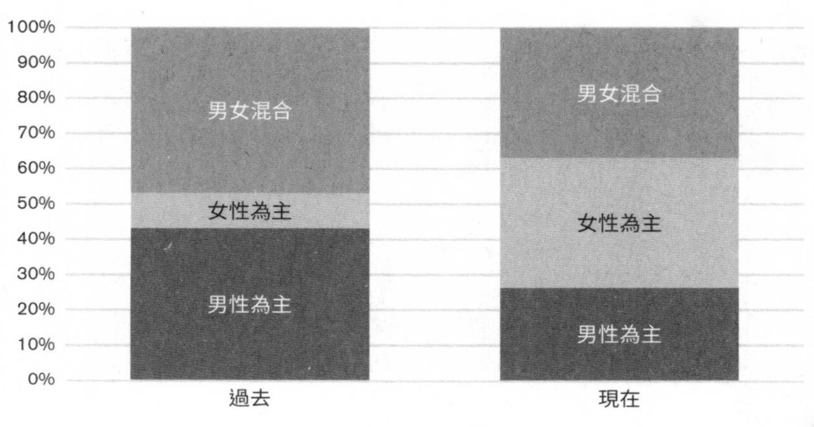

圖2　過去與現在工作的性別組成（N＝30）

請看圖2，這張圖是根據三十名女性在我們第二次訪談時正在做的工作繪製而成（也就是省略四名第一次訪問後曾經工作但目前沒在上班的女性），這些數字道出了整個故事。在辭職之前，這些高成就的女性幾乎有一半（四十三％）是在以男性為主的職業（女性占該職業人數三分之一以下）工作，她們之中的大多數都畢業於篩選嚴格的學院和大學，但她們現在的工作只有四分之一（二十七％）是在這些男性主導的領域。相反地，女性透過以女性為主的工作返回職場的比例大約增加了四倍。

在她們選擇退出職場之前，只有一〇％的女性從事這些傳統上「女性為主」的工作，但重新進入職場後，有三十七％的女性從事這些工作。在這種帶有諷刺意味的回歸中，女性之所以再度與男性的職業分隔開來，是因為她們希望獲得過去她們在「男性為主」的職業中無法獲得的東西。

從男性為主轉向女性為主的工作是最常見的結果，也是最突出的變化，但若將其他類型的職業轉換一併納入觀察，我們會發現一種「女性化」（feminization）的普遍模式。除了最常見從男性為主到女性為主的轉換之外，一些女性從男女混合的工作轉向女性為主的職業，就像楠那樣，她辭掉出版業的總編輯工作，進入女性為主的小學教育界擔任教師助理。還有一些人從男性為主的工作轉換到男女混合的工作，如阿曼達離開銀行業，轉而攻讀生命科學領域的博士學位，並從事學術研究工作。

第二種最常見的工作轉換模式是一直留在男女混合的工作，約占所有轉職者的四分之一，像黛安從非營利組織的主管轉為接案的會計師。只有三名女性從男女混合或女性為主的職業轉到以男性為主的工作，而這幾個人都是小老闆（全國有超過三分之二的小老闆是男性），例如梅蘭妮從電腦行銷（混合）搖身一變成為馬術訓練場的老闆（男性）。

總的來說，從男性為主的職業回到女性為主的職業，這樣的性別重新分隔，反映出極度的女性化形式，但從整個生命週期的變化模式來看，女性不僅是進入更陰柔的職業，而且在整個家庭生命週期和擔任母職的過程中，也從傳統上的男性工作轉向女性工作。值得注意的是，這種情況發生在那些生命早期就算不是先驅，也是開啟或整合到男性職業的早期女性參與者，她們在選擇退出職場時逃離這些職業，並在返回工作時繼續閃開。她們的逃離都基於同樣的原因：工時長、不彈性，工作環境與家庭對立，如今又再加上一個新的原因——她們越來越渴望影響力和人生的意義，這是她們經歷家庭主婦之後所浮現的需求，而她們先前的職場並沒有辦法滿足這部分的需求。

外在回報

收入是一份工作的經濟價值指標，聲望代表工作的社會地位。社會科學家認為這兩者都是工作很重要的外在回報；人們工作既是為了生計，**也是**為了得到認可和尊重。正如我們所見，這些女性的特權使她們在勞力市場中有很高的選擇權，她們大多數人都不需要為錢工作。她們再度就業比較是受到彈性與追求意義兩項條件的影響，亦即工作的無形回報而非有形回報。她們對於意義和回饋的重視，也突顯她們身體日漸老化的事實，以及現在的她們比年輕時更有可能思考這一生要留下什麼。

損失：亮麗的薪水

女性轉向女性為主的工作，對薪水有明顯的影響。研究一再表明，女性占比越多的職業，薪水也就越低，即便那份職業要求的條件以及所要負擔的責任與男性為主的職業相似。因此，女性從男性為主的領域轉換到女性為主的領域，收入會受到很大的衝擊（見圖3，這張圖依據的是追

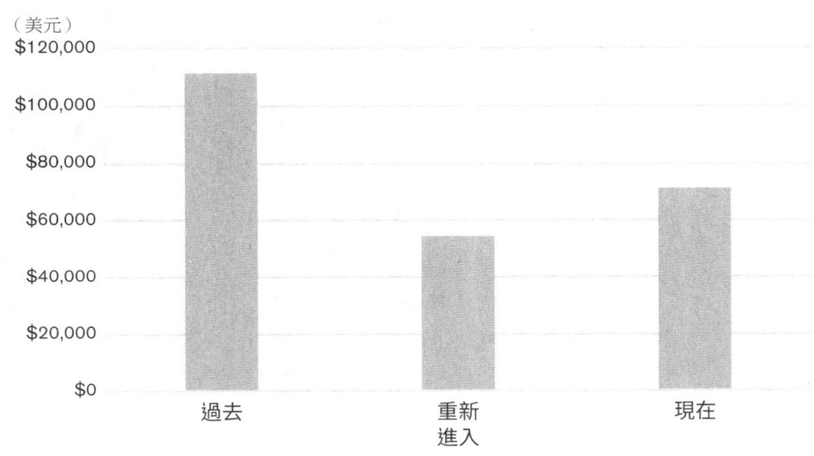

圖3　過去工作、重新進入職場的工作與現在工作收入的中位數（N=30）

蹤訪談時正在工作的女性）。女性選擇退出職場前，工作的收入極高，這些專職、常年工作的女性，平均收入中位數為111,635美元。許多女性重新進入勞動力市場的第一份工作是一份意外得來的「家庭優先」工作，然後是一份有目標的「職涯重啟」工作。所以，她們再度就業的第一份工作收入較低，中位數為54,985美元（但請注意，大多數女性在重新就業時的薪水只是專職工作的一小部分，因為大多數人都是兼職，而且兼職成分往往很高，特別是在家庭優先階段），約為她們過去職業收入中位數的一半。當女性找到自己的立足點，經常更換工作，並在重啟階段轉向高薪工作，她們收入的前景則回升到相對較高的水準（全國平均為71,075美元）。然而，相對於她們先前的工作領域，轉換跑道的女性仍然落腳於薪水較低的職業，她們的收入雖然按大多數標準來看還是比較高，但仍然只有她們退出勞動力市場之前那份工作的三分之二左右。

維持「地位」的現狀

職業聲望或**地位**（交替使用）是指民眾對一個人社會地位的認知，根據的是他們的職業而不是個人屬性。[4]薪水與聲望或社會地位相關，但並非絕對相關，因為民眾對於一個人工作社會地位的認知，考量的不僅僅是薪水。資歷，尤其是高學歷的文憑，對於人們判斷特定工作的聲望或地位占有很大的份量，有如權力的行使。社會的判斷往往也遵循藍領和白領之分，從普遍的結果來看，女性的職業對於聲望的懲罰並不像她們的收入面臨的懲罰那麼巨大。[5]舉例來說，教師是高文化和高權威的白領工作，相對來說頗有聲望，但比起男性主導的藍領工作，薪水並不算高。事實上，不論是哪一種職業都不存在聲望的性別差距，因為女性和男性從事的職業平均來說具有相同的聲望水準——社會學家寶拉．英格蘭稱之為「空洞的平等」（a case of vacuous equality）——因為它反映的是家長式的仁慈，是象徵性的，而非物質性的。[6]然而，只看職業，我們確實看到性別差距，女性占主導地位的職業，如教師和社工，被認為沒有那麼高的聲望——社會學家將此稱為「半」（semi-）或「準專業」（quasi-professions）——而不是所謂的「傳統專業」，如法律和醫學，在歷史上一直由男性主導。

社會學家長期以來研究職業聲望，以此為衡量職業社會認知價值的全球尺度。他們採用的是百分制，分數越高代表聲望越高。假如換工作是從一種職業轉移到另一種職業，職業聲望分數的變化也就反映人在階級結構中的社會流動，無論結果是向上還是向下。有些女性確實會經歷向下流動，楠的工作變化使她從五十九分的出版社編輯變為四十一分的教師助理。梅格的改變對她的地位影響不大，從五十二分升為五十三分。請注意，由於聲望的分數與職業掛勾而不是工作，所以無法反映她們受僱企業的變化。楠和梅格不僅換了職業，而且是從他們那一行的全國大企業轉到小地方的學區。聲望也無法反映他們從事的是長期的工作，或臨時不穩定的工作。以黛安這種修正跑道的人為例，她離開固定、有保障的工作，留在相同的職業中自己接案。這些舉動並未改變她們的職業地位，但卻有可能被視為降級。

有了這樣的認知，如圖4所示，選擇退出職場之前和之後，女性工作的變化並未導致實質意義的聲望流失，因為那些轉換職業的人（並不是所有人），大多數是換到眾人眼中相對有聲望的白領女性職業。她們從選擇退出前（中位數為五十八）到重返職場的第一份職業（中位數為五十二），再來到現在的職業（中位數為五十五），聲望分數一直相當平穩，這顯示女性的職業聲望反彈到近乎她們退出職場前的水準，相較於職業的收入，並沒有任何波動或急遽的下降。

重新上班後，女性維持了地位，面子掛得住，也保有社會資本和文化資本，即使薪水變少了。換到一個新的工作，女性的職業地位與她們以前的職業相當並且一致，同時又能滿足她們

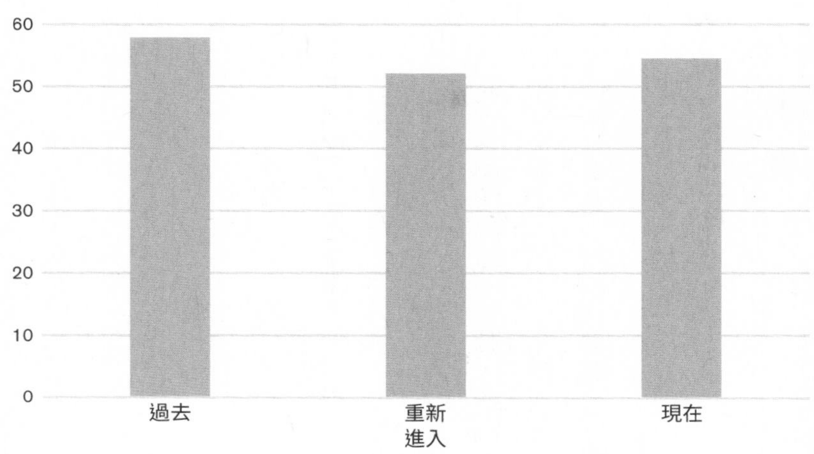

圖4　過去工作、重新進入職場的工作與現在工作職業聲望的中位數
（N=30）

所追求的靈活和影響力，這是以女性為主的工作雖薪水較低卻有的額外好處，得以抵消或減緩她們降薪的損失。因此，只要不造成社會流動迅速往下沉，這些女性職業所具有的較高聲望，可能也是吸引這些女性的另一部分，儘管沒有一名女性清楚提到這是她們進入這些工作的動機。

零工經濟

重返職場第二多人的策略就是我們所說的「修正跑道」，亦即留在同一個領域或職業，但從事自由接案、顧問或以計畫為主的工作，也就是所謂的「零工經濟」。[7]當這群女性離開勞動力市場以後，這類臨時工作就快速成長，而她們也把握了這些工作機會。臨時就業以案子為單位，持續時間有限，依據的是「及時」或按需求聘僱的勞動模式。臨時工作沒有正式或長期的工作合約，通常有時間或案子的限制，也沒有醫療保險等福利。這類工作（和更多的零工經濟）的出現主要是為了滿足雇主的需求，使得雇主能夠擺脫固定的勞力成本，擁有用人的彈性。但如我們所見，這些工作也為工作者提供彈性，那正是回歸職場的女性所期待的，這樣的彈性是她們之前那些固定、全年、全職的專業工作所欠缺的。臨時工作可以盡力提高時間彈性，並且配合家庭作息，尤其是學校和假期的安排。接案工作使得像黛安這樣擁有執照的會計師，能夠在原有技能、專業知識以及人脈的基礎上，用比較短的時間過渡到新工作。同樣地，一直處於零工經濟或自由工作前沿行業的溫蒂，能夠利用她豐富的編輯經驗，從大型出版社資深編輯的固定差事輕鬆轉換到接圖書專案的自由工作者。

圖5顯示女性在選擇退出職場，轉換到臨時工作前原本的工作，幾乎所有人都是做固定工作（工作比較有保障，還有育嬰假等優渥的福利）。但是到了我們追蹤訪談她們的時候，大約有一半是做接案或零工的臨時工作，這讓她們可以根據孩子每個學期的作息，又或者是先生的行程，來調整自己工作的時間。[8]值得注意的是，當我們第二次訪談時，重啟職業生涯的女性的工作顯然又更好了，有三分之二的人從事固定、非臨時的工作，相較之下，那些處於家庭優先階段的女性幾乎都做臨時工作。如果我們假定至少有一些以家庭為優先的女性接下來會重啟職業生涯，這就預示著女性找到更穩定差事的能力會隨著時間而提高，但這也說明了在重啟職業生涯之後，她們也

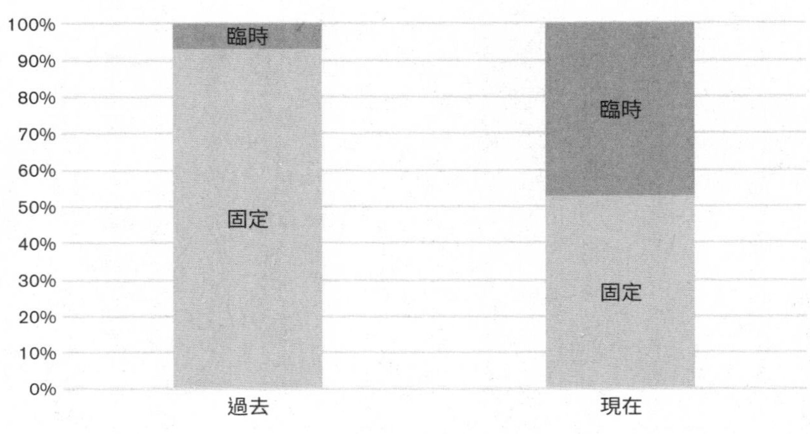

圖5　過去與現在工作的性質（N=30）

失去了職場當中一些重要的面向，像是好工作、晉升潛力和穩定性等等。

除了以臨時工作來增加年度工作表的長期彈性之外，女性也藉著減少工時來尋求短期的靈活度。由定義上來看，我們追蹤訪談時處於家庭優先的女性都是兼職，但除此之外，幾乎有一半重啟職業生涯的女性也是兼職。這反映出一個眾所皆知的潮流，女性在女性為主的職業中更有可能是兼職，有三分之二的人都是如此。相比之下，在男性為主的工作中，更有可能遵循理想員工、漫長工時的工作模式，有三分之二的人是全職（男女混合工作的人，則是兼職和全職各半）。

工作滿意度

回到工作崗位是因為她們想工作，而不是因為

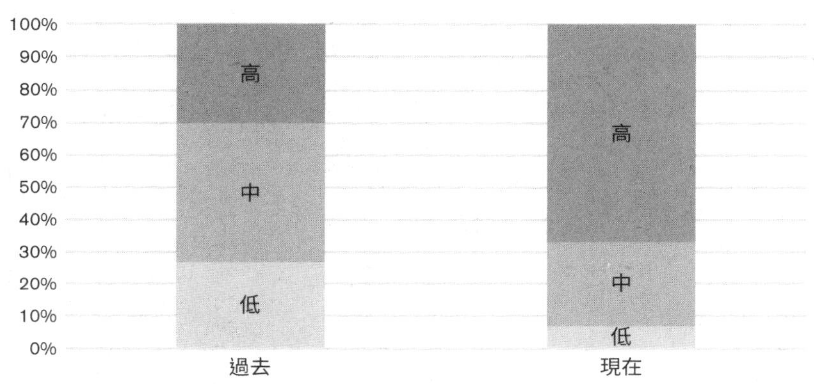

圖6　過去與現在工作的滿意度（N=30）

她們必須工作，而且她們有餘裕嘗試各種工作、找一份最適合自己的差事。這群女性知道自己的優先考量，也非常清楚自己的權衡之處。雖然客觀來說，她們的新工作與過去的工作天差地遠，尤其在薪水、保障和福利方面，但這些女性對於第二次工作的滿意度卻高上許多。雖然她們很喜歡過去的職涯，也很不情願地離開，但超長的工時、緊湊的行程，再加上兼職與分擔工作等潛在解決方式所夾帶的污名，使她們對這些工作的看法發生變化。第一次訪問時，女性最常提到她們對於先前的工作有一種複雜的感受或普通滿意，有三分之二的人說滿意度偏低或中等（見圖6）。然而，在為自己目前的工作打分數時，女性都是非常滿意，有三分之二的人表示工作很棒。

由於她們對目前工作的滿意度相對來說很高，十個裡頭有九個是中高滿意度，因此女性的工作滿意度與她們的薪水（幾乎所有人都減了不少薪水）或聲望（大多數人的職業聲望並未下滑）無關，也就不令人意外了。這也與她們重新進入勞動力市場的具體策略無關。看看進入職業重啟階段的女性，無論是轉換跑道者或是修正跑道者，抑或是捲土重來者，她們對於目前的工作都相當滿意。這表明沒有一條神奇、放諸四海皆準成功的職業重啟之路，而是有各式各樣的回歸之路。然而，當我們看一下她們對過去和現在工作之間的滿意度**變化**，而不看她們對目前工作的絕對滿意度，就會出現稍微複雜的情況。大約四分之三的轉換跑道者與修正跑道者都說與過去的工作相比，她們對現在的工作滿意度**增加**，沒有人的滿意度下降。正如我們所見，捲土重來者，她們的經歷令人眼花撩亂，最明顯的是凱特，只有三分之二的人（仍然是絕大多數）說滿意度提高，儘管（或許是因為）在所有女性中，她們目前的工作與當年辭掉的工作最為接近。因此，雖然大多數女性對重啟的那份工作滿意度有所提高，但就業環境中變化最大的女性，包括職涯明顯再造的人，她們的滿意度「提升」最多。即使她們的滿意度比不上那些回到熟悉軌道的人，也就是回到起點的人（像過去的職涯），但她們的滿意度卻是大幅提高，這可能是因為她們對於過去的工作較為不滿，但也有可能是這個群體在規劃回歸職場的過程中，經歷到職涯再造的自我反思過程和試錯過程，而兩者的相乘使她們對工作的滿意度提高。

好的和不那麼好的

當我們請這些女性回想當初如何思考是否重返職場，又如何決定重操舊業或走上另外一條路時，她們不斷提及工作的彈性與意義——心理而非物質的特質，這也是她們喜歡目前工作的部分。三十九歲的娜塔莉過去擔任國際行銷經理，現在是教科書的銷售顧問，她說：「我有非常多的彈性。」同樣地，過去在資訊產業擔任資深行銷經理，現在是一名獨立的數位媒體顧問，四十歲的克莉斯汀看重的是：「主要在於能夠參加重要活動的靈活度」，她又補充，「我接的客戶，有些是針對女性，所以我可以處理女性問題。」梅格這位前交易員現在全職擔任當地公立學校的基金會主任，她說：「我真的相信這份工作的意義，我從自己三個孩子身上看到這一點。」四十二歲的瑪莎曾是一所大型大學的資深發展主任，她已經在家待了十二年，現在於她孩子那間私立學校擔任兼職發展主任，她談到了重建自尊，她說對於那些離開原本職業的女性來說，最嚴重的打擊是尊嚴的流失，她們變成了外面世界看不到的家庭主婦。瑪莎說：「來到學校之後，得到許多支持，而且看到這麼多跟我一樣的人，意識到自己真的有貢獻……這實在是太美妙了。這對我的自信心有很大的幫助。」

儘管她們整體的滿意度很高，但對於自己放棄了什麼卻是心知肚明。不論是身為自由工作者還是擔任顧問，女性對於失去職場上的同事情誼，都感到遺憾。克莉斯汀說出許多人的心聲：「這個決定付出的代價，總是令人難過。我覺得自己犧牲掉的一樣東西是同事的人脈，這非常需要靠固定上班來維持。我再也沒有同事了，少了同事我很難過。」

四十歲的卡倫原本是固定上班的化學工程師，後來在家裡待了兩年，現在是名獨立的約聘人員。雖然卡倫對自己的薪水還算滿意，但許多女性，特別是從事女性職業的女性對她們的薪水並不滿意。卡倫最大的抱怨，也常見於從事零工經濟的女性：因為約聘，所以自己被排擠到更邊緣的工作。正如卡倫所言：「我確實喜歡這樣的作息……從金錢上來看，收入還不錯。可是很**明顯**（加強語氣），我未必能拿到自己想要的計畫，因為我只是兼職。表面上來說我不是員工，我只是個約聘人員……所以我有時候會分到一些需要搞定的工作，但那一點也不吸引人。不過我並不怎麼在意，你不可能事事如意，不能既期待有這樣的作息，又想著有人優先考慮你的需求，也就是炙手可熱的案子。**事情就是這樣！**」（粗體為我所加）

記住巢穴——空的嗎？

四十七歲的伊麗莎白現在還待在家裡，從我們第一次訪談以來，她都不曾回去工作，甚至連試都沒試過。這是這群女性的標準樣貌，大約占我們受訪者的五分之一，自從我們第一次訪談以來，這些人一直待在家裡當家庭主婦。她們都沒嘗試過工作，也就沒失敗過，而是試都沒試。伊麗莎白在年紀輕輕的三十四歲，就成為一家非常知名的管理顧問公司合夥人，但是在她生了老大之後，工作還有出差的時間要求，導致她請了育嬰假之後就沒再回去上班，而是辭掉工作。我們第一次見面時，伊麗莎白正懷著老二，後來又生了第三個小孩。她的先生仍然是一家飲料公司的執行長，隨著公司業務蒸蒸日上，他也越來越忙。

我們第一次採訪時，伊麗莎白想了想重返職場這件事，她的說法讓我們瞭解為什麼她不願意回到過去那份工作，就像其他許多女性一樣。「我不認為自己能夠再回去做過去那種高強度的工作，因為管理顧問這一行相當緊繃。它在許多方面都很充實，但壓力也不小，而且你會有出不完的差，忙死了。」同樣地，當我們請她展望未來的計畫時，她的優先考量和其他後來重返職場的女性相似。「如我所說，影響這個世界對我來說非常重要。我猜孩子都去上學之後，我會比較有時間，情況會完全不一樣。我就可以投入一些時間（去工作）。但我無法想像自己一個禮拜有超過三分之一的時間在工作，也許會兼差吧。」

第二次訪問伊麗莎白時，她對於重返職場的想法變化不大。近十年，還有兩個孩子從四歲到十歲之後，她仍然不知道自己想做什麼，而且離開工作的時間越長，也就越覺得遙不可及。她最優先的任務還是和孩子在一起——留在家裡這些年，這種想法又更強烈了——但是回歸職場卻變得更加困難；伊麗莎白說，這「有點令人氣餒。」「我甚至不知道自己何去何從，因為選擇這條路⋯⋯首先，我甚至不知道有人會認為我十年前或九年前的經驗仍然吃得開？雖然我認為自己有一套不錯的技能，可能派得上用場，但我想歡迎我去做的工作，可能不見得最吸引人。」

她內心清楚認知到自己想做什麼，以及去找工作所要面對的挑戰，那完全不同於留在家裡得到的回報，目前來看也是如此。伊麗莎白有著豐富的志工生活，家人也明確表示更喜歡她留在家裡。「由於我先生很忙，因此我覺得他可能更喜歡我留在家裡。」她的孩子也說得很白：「我威脅孩子說我要離開家裡回去工作，他們哀嚎：『不行！不行！不行！不！不！不！不！。媽咪，別這樣做！』」回去上班是一種「威脅」，這充分說明伊麗莎白目前對於回去當職業婦女的想法。

乍看之下，伊麗莎白與其他尚未重返職場的女性，和那些已經重返工作崗位的女性並沒有什麼不同。如果我們比較這兩組女性第一次受訪時的說法，事實上，她們在許多重要面向上都很類似。例如，對於由自己照顧孩子還是花錢請人照顧，一直留在家的女性，一樣傾向於前者（事實上是略低），她們辭職的原因相同，而且對前一份工作的滿意度跟已經返回職場的女性一致。初次受訪時，這兩群女性返回職場的意願也是一樣的，正如伊麗莎白所說的，她們在職場上尋找同樣的東西，像是樂於探索新領域。這些仍然在家的少數人有三個特點。（1）她們先前更有可能在男性為主的職場工作；（2）她們缺乏自信；（3）她們比重返職場的同類女性更為富裕（她們的丈夫絕大多數從事最賺錢的菁英職業，如高級金融）。

三分之二的歸巢者（nesters）——尚未重返勞動力市場的女性——過去都在男性為主的職業上班，而我們全部的樣本只有一半女性是如此。無論老少，我們第一次與這些歸巢者聊天時，她們對於重返職場的信心也不如已經重返工作崗位的女性。以下這兩個特質——在男性為主的職業工作，以及對未來重啟職涯的能力缺乏信心——彼此相關。幾乎在每一個案例中，如我們在伊麗莎白身上看到的，缺乏信心與意識到自己不能或不想回到過去以男性為主的職場而必須從頭開始有關，她們不知道要從事什麼新的職業，也不知道如何下手。在我們初期的研究中，第一次觀察到這批事業有成、充滿自信的女性對於未來有著罕見的不安，我們把這種現象稱為「另一個奧菲利亞時刻」(another Ophelia moment)*，將此比作心理學家瑪麗・佩弗（Mary Pipher）所說的，青春期女孩的信心危機和認同喪失。事實證明，「奧菲利亞」效應不是稍縱即逝，對這些女性來說，它是長期、持續且多年後才顯現出來的。[9]另一個因特權所造成的矛盾是，這種奧菲利亞時刻往往因歸巢者特別有錢而加劇，這樣的背景可能會讓她們缺乏動力去打破重塑職涯的艱鉅障礙。

來到一個年紀，女性正是在盤點人生與工作的階段，並且思索著她們眼前可能的最後一搏，這個群體中的女性仍然在尋覓著，而且也沒有簡單的答案。典型的例子是瑞秋，她在我們追蹤採訪時已經五十六歲。瑞秋畢業於頂尖商學院的MBA，二十一年前她離開職場前的最後那份工作，讓她度過一段相當艱辛的歲月。她受僱於一家業界領先的投資銀行，裡頭是一套僵化（你不

＊譯注：莎士比亞悲劇中《哈姆雷特》的典型角色，意指在男性偉大的目標之前，女性的任何人生目標都顯得微不足道，注定會遭到犧牲。

能把金融業當兼差）、陽剛且厭惡女性的環境，她在那裡的職業生涯僅能依循為母之道（譯按：為了照顧孩子減少工時及放棄升遷）。我們第一次訪談時，她剛離開職場五年，不確定是否要回去，但卻很清楚，如果自己回到職場，也不會再去金融業。十六年後，她表示全職照顧小孩「仍然很美妙，看著孩子們一步步成長、成熟和發展，很令人興奮」，但她對於一切和工作有關的事都比較矛盾與曖昧不明，包括恢復自己的職業生涯。

當我們來到她位於矽谷山上的家，於客廳坐下來準備追蹤訪談時，她二十幾歲的女兒走過來，打探我們在幹嘛，只不過訪談尚未開始。瑞秋跟她說我們在聊她中斷的職業生涯，女兒要離開前還告誡瑞秋：「別這麼做，別這麼做。」我們談話的整個過程中，她在言語中一直帶著歉意，有一度她說：「我對自己過去二十年並不會特別驕傲。」她用我們在第一份研究經常聽到的「調酒派對困境」（cocktail party dilemma）為例進一步闡釋，這對於瑞秋還有其他尚未重返職場的女性來說，依然揮之不去，而且還相當傳神。

在這個社區，有很多受過高等教育的女性選擇退出職場。嗯，留在家裡的女性，她們不會被認為沒有價值或是廢物……所以，如果你是個家庭主婦，你受過的教育還是支持你自己的自我價值……但我覺得這就像……（她嘆了一口氣），嗯，你去參加一場雞尾酒會，現場的人會問：「你是做什麼的？」你知道我不會很驕傲地說：「我是個家庭主婦」，而現在孩子都不在家裡了，我真的不能說我是個家庭主婦。所以我必須想出一些說法。你懂嗎？

雖然傾向於重返職場，但瑞秋仍然不確定自己要做什麼。她現在比較可以接受金融業，她可以利用自己的學歷和過去的技能，但她做的是個人財務或房地產規劃師而不是交易員。年齡歧視令她擔憂。「我可以提供很多東西，但對於雇主來說，我不認為自己比年輕人有吸引力。」為了找到自己的路，她去年上了一些課，包括語言課程，看看自己是否「對任何事情還有激情。」儘管自從老二差不多五年前進大學後她就「一直在想這個問題」，但她還是「毫無頭緒」：

我希望自己可以對於要做什麼有一條路或一幅清晰的圖像。嗯，我的意思是我一直在考慮這個問題，但一切還是……毫無進展，我仍然在父母和孩子之間感到非常糾結，並試圖弄清楚自己想做什麼……但這真的很難，因為我不覺得我有什麼技能。我一直在想，「哦，我會回到學校，我會學到一些東西，」但這需要大量的努力和精力。而且就算如此，他們也可能不會聘我，我也不確定。

她一直不確定自己想做什麼，再加上信心消退以及從未間斷的家庭需求（丈夫仍然經常出差，老么剛上大學），都使得她無法跨出一大步重返工作崗位。瑞秋嫁給了一位成功的投資銀行家，所以她也沒有重返工作崗位的經濟需要。她想了一會兒說：「我覺得自己太軟弱了，我只是不打算把自己逼得那麼緊，因為我沒必要那樣。」

整體而言，瑞秋所代表的群體——從未重返工作崗位的女性——幾乎都不後悔放棄職業生涯的決定，但她們卻說出內心的衝突矛盾，喊出自己對當前生活的複雜情緒，並且強烈吐出對特權的矛盾心情。派翠莎頂著頂尖名校的MBA學位，她丈夫在金融圈有著豐厚的收入，而她待在家中擔任專業的志工，以及多個團體的董事，高度投入並且有個成功在家的「生涯。」當她提到目前的生活，以及選擇退出職場，然後專注於志工和社區工作的決定，她說：「我很吃驚的是那份充實感，但也會感到空虛。」同時，她也很討厭自己內心那種後悔的感覺，也在自己的特權中掙扎。

打從心底來說，我不知道自己是否珍惜不需要去工作這件事有多幸運。我可以過這樣的生活，因為先生賺的錢足夠讓我們過得很好，並且一路支持我們的小孩。你看到了，我享有令人難以置信的自由去挑選及選擇我想做的志工。只要有人邀約，我就可以跑去打網球。我的意思是，我真的有珍惜嗎？啊？這到底有多糟？而且我不知道自己是否真的有價值。我很不好意思自己無法提供真正的價值。

儘管如此，她仍為自己失去的職業生涯感到悲哀。她「本來可以成為一名有力的競爭者」，並且深知自己做了一個前程似錦的ＭＢＡ從沒想過的取捨。

我不認為我有逼自己去挑戰極限。我覺得自己做了一個（不後悔的）決定，把自己從職場、官方認定的就業市場，甚至是企業界拉出來……專注於小孩和家庭。我可能在一九九九年也說過這句話（十二年前我們第一次訪問時，她的確說過），但如果有人對我說，也就是我在商學院，甚至在大學時（我會做出我後來的決定），我會（大笑）說，「你吃錯藥啦！」我很震驚，也對自己有點吃驚。但我們做了那個決定，一點也不後悔。然而，我後悔這個決定的副作用，那就是沒有把我自己的成就，還有我能夠做的事情，放到更優先的位置。

揮之不去的憂慮

有太多的歸巢者過去都在男性主導的行業工作，這顯示男性工作的特質不僅影響女性重返職場時所追求（或避開）的工作類型，造成家庭生活圈更大的分隔趨勢，也可能引發女性的信心危機——奧菲利亞時刻，徹底打消她們重返職場的念頭。比方說，並未重返職場的女性當中，像是瑞秋這樣年紀比較大的女性，以前極有可能是男性職場上的先鋒。瑞秋目前的想法顯然受到她過去經歷的負面影響。對於像伊麗莎白這樣比較年輕的女性，我們也看到男性職場對上班時間和出差的要求，令她沮喪。由於這些女性過去的職業注定不可及，她們顯然只能硬著頭皮、隨波逐流，面對重新調整方向的挑戰。許多女性都迎接這一挑戰，但像伊麗莎白這樣年輕的女性留在家裡的時間越長，當她們來到空巢期時，過去在職場上的記憶應該令人不寒而慄，而這會讓她們不想重返職場嗎？

如果？選擇退出職場的差距和領導力的喪失

自從伊麗莎白放棄在美國一家最受人敬重的管理顧問公司擔任合夥人——這本身就是一個重大成就——已經過了七年。她在訪談中清楚流露出對未來就業的不確定性，可是被問到「如果妳繼續工作，現在是什麼樣子？」她充滿自信地回答：「那家公司的資深副總。」凱特認為如果自己還留在行銷業，也同樣會是資深副總。黛安不曾想要成為大型會計師事務所的合夥人，她後來是在一家非營利機構升為營運長。梅格比較喜歡在交易廳而不是擔任管理階層，最後她也攀上顛峰，變成一名成功的交易員。楠現在是兼職教師助理，她設想自己會成為資深副總和總編輯，而實際上，在她辭職前已經待過這些職位了。丹妮絲在我們追蹤採訪時還是一家生物技術製藥公司的副總，她認為自己「現在也應該還是。」

這些女性的回答跟伊麗莎白及其他人一樣，毫無遲疑。許多人，像黛安和楠，辭職前實際上已在她們原先的領域達到個人顛峰。其他辭職前尚未爬上顛峰的女性，答案也與伊麗莎白非常相似。律師梅芙（Maeve Turner）在家裡窩了二十四年，未曾嘗試重返職場，她說若留在職場，她會成為州立法官或聯邦法官，而她原本已是行內一流的訴訟律師。布魯克現在接一些醫院管理的案子，她認為自己會成為大醫院或醫療單位的執行長。有好幾個例子都顯示，女性接受追蹤訪談時所做的工作與她們自認可以做的工作，前後的落差非常明顯。

雖然她們的想像可能過於美好，而且永遠無法知道她們的預測對不對，但如果觀察這些女性選擇退出職場前的職場軌跡和升遷紀錄，就會發現這些預測仍有一定的可信度。有些女性可能過於樂觀，忽視或忽略了玻璃天花板和各種性別歧視，但反過來說，許多人當年就已經在所屬領域爬上高層。為了證明自己所言不假，許多人以還在工作的前同事為例，藉此支持她們的說法。擁有ＭＢＡ學位，五十六歲依然在家的派翠莎就是標準的例子，她說：「無論我現在做什麼，都會是主管。」她用一件事來支持自己的說法：「取代我的那個人，現在是公司的董事長，而和我年紀相當的同事，都是主管。」例外則是證明了規則，我們研究中有一位女性回來之後爬得更高，丹妮絲辭掉原先在製藥公司研發主管的工作，並在另一家公司當到副總。女性目前的職位（辭職又重返職場）與她們預測自己如果繼續工作的職位差異，體現了所謂選擇退出職場的落差（opting-out gap），以及因此所遭受的懲罰，也就是失去擔任主管的機會，至少從男性線性職業發展的模式來衡量是如此。選擇退出職場的落差也讓人看到管漏效應，女性人才如何以及何時乾涸或流光。

女性在兩個關鍵點離開職場，有的是職業生涯中期和上升期（主管機會未能實現），這點有非常清楚的紀錄支持；有的則是在職業頂峰（失去主管工作），這部分的紀錄雖然較少，但在我們的研究中卻清楚看見。

幸福的結局？

儘管女性重返職場之路充滿死路和砍掉重來的過程，但女性選擇退出職場後，一般來說，都會選擇回歸。在她們重返職場的路上，階級特權使她們有很大的自由決定要不要工作。雖然她們想做全年度的兼職工作可能是自己的「選擇」，但一個男女高度分隔、且越來越多臨時工的勞動力市場結構，造成這些女性的職場缺乏穩固、有保障且兼具家庭彈性的工作。因此，她們被迫離開之前薪水比較優渥的男性職業，轉而從事薪水較低以女性為主的職業，以及幾乎毫無工作保障、福利、前途、甚至是沒有重要任務的臨時工作。

對於這些才華洋溢的女性來說，選擇退出職場意味著重新進入性別隔離的世界。女性失去高薪和升遷機會，並且變成職場上的邊緣人，這也在很大程度上使她們失去在過往領域的璀璨前程。她們發現自己變成某一行的「老」菜鳥，或是自由接案的約聘人員，不再屬於任何組織。幸運的是，由於我們這個社會以一種仁慈的家長制（benevolent paternalism）來看待高度性別化的女性工作，女性的職業地位並未急遽下降（儘管我們也要記得這種社會學所衍生出來的方法，並未把用人組織的聲望或工作地位其他公認的指標納入考量）。雖然這可能是一種相對空洞的安慰，但至少女性能夠在她們重返的領域大致保持地位，並免於經歷劇烈的向下流動。

儘管客觀來看，有著這些負面的影響（女性也心知肚明），但從主觀上來看，她們的故事（大部分）都有個幸福的結局。女性開心地回到工作崗位，並在新工作中找到快樂——事實上比她們在過去的工作更快樂——尤其讓她們開心的是，她們在傳統女性職業以及非營利部門，找到工作的意義，感到滿足，並且讓她們的人生有所不同，有幾個人甚至當上那個圈子的領袖（例如非營利機構的執行董事）。比起留在家中的女性，她們更快樂，衝突更少。然而，她們個人的成功故事和滿足感，掩蓋了她們在傳統男性工作中的才華、貢獻和潛力等更大的損失——許多人在退出職場前，正努力融入這項男性職業——我們從她們透露自己若繼續工作有可能變成什麼樣子來衡量這件事。我們如何在個人的幸福結局與更大的劇情之中，找到一個平衡點？

第七章

特權的矛盾與展望未來

回顧過去，展望未來

當我們的訪問接近尾聲，受訪者經常回顧過去，甚至展望她們積極經營的未來。我們聊到天南地北，但主題和話題不斷重複。女性一再說到選項和選擇、再造以及走出自己的路有多複雜。她們認為一切要靠自己、自力更生，找出自己的方法面對事業、家庭、職業中斷和重返社會的挑戰。而且她們想要扛起一部分甚至全部的經濟重擔來「回報」自己的先生。

從行銷主管到管理顧問，下一步？

凱特在最近（也是第二次）職業生涯中斷期間，「做了太多志工」還有「照顧他人的工作」，而準備開始「為自己做一些事」：「我想找回工作和為更大目標有所貢獻的認同感。」她先生的避險基金過去幾年在市場波動中承受巨大損失，也使她重返職場的念頭越來越強烈。凱特很高興能幫上先生，但也知道自己必須繼續承擔大部分的家務，因此她對下一階段的想法是，「我想做一些可以長久延續的事。這是我主要的想法。」

主要的想法以及**那個**一再出現的問題，依然不見簡單的解決方案。凱特所說的「長久」是指超過上一份做了五年的工作。她已經厭倦短期工作了：「我不想再那樣了（一份新工作做不到五年）。我想做一些可以建立自己專業知識的工作，並在孩子上大學後繼續做下去。」「長久」也意味著避免以接案為主的顧問工作，也就是那種時程很趕的「高強度」工作。凱特知道自己所面臨的挑戰，也知道自己與其他跟她一樣的人，必須經歷職涯不斷再造的過程，也明瞭她們拼湊起來的解決方案常常是短暫的。「**我覺得我唯一能做的事情，就是繼續努力找出適合我和我家庭的方法。我覺得在人生一個階段可行的東西，在另一個階段未必可行**。我很興奮自己還是想回去工作，我覺得自己可以有點貢獻，而且我還是有機會。」（粗體為我所加）

凱特頂著名校學歷還有在兩家一流公司的資歷（她用行銷術語來說，就是「良好的品牌效應」），她大有說大話的理由：「我十分清楚，也非常感激。我不認為自己可以自大自滿，但我可以自在，而且我無須道歉。」訪問結束時，凱特準備去一家獵人頭公司做職務面試。對她來說，這是一個新的領域，但很有吸引力，因為它關注人們的職涯路徑，而這是她思考很多的東西（「我喜歡瞭解人們選擇的道路」），而且她也重塑了自己的路。這份工作到頭來「太嫩了」，但它讓她起身找工作了，她從九月開始認真找——四十八歲的時候重新開始。

註冊會計師

多年來一直在接案的黛安，正考慮擴大自己的會計事業，因為老大已經上大學，另一個孩子也快上大學了。她手上有一群穩定的客戶，也具備房地產稅法方面的專才，因此她覺得這樣做，問題不大。她不厭其煩地在領英（LinkedIn）發佈自己的履歷，她告訴我們，隨著年齡增長，「如果你不在社交媒體上做這種事，就會顯得你落伍了。」她和凱特一樣，受夠了志工這份差事，想要「卸下」這個工作。她也和凱特一樣，想幫忙先生分攤一家之主的壓力。正如她的解釋，「我的意思是他的工作壓力很大，這也會讓你很累，所以到頭來我會想要盡力為他分擔壓力。」

除了幫忙支付孩子大學的學費，黛安還認為工作賺錢「是為401k退休金福利計畫和退休存錢，這樣我那可憐的老公（像她一樣，五十四歲）就不用工作到七十歲，可以退休安穩過日子。……我丈夫的工作壓力很大，身心疲憊，如果我們可以，嗯……也許……我是說，嗯，我們必須看看自己最後有多少錢……在兒子大學畢業後，嗯，如果有什麼辦法，我先生也許可以創業，或者壓力不像現在這樣，那就真的很好了。」雖然不一定會有這一天，但黛安為了重振事業而設想的路線，似乎很可能會成功，使得她和先生可以順利退休。黛安不僅反思自己的未來，還反思整體社會的圖像，而不僅僅是自己眼前的處境，這很罕見：「我個人，對自己的生活還算滿意。我認為，我想從大環境來看，嗯，女性工作已經多少年了？但社會對於家庭的支持還是不夠……我想這種個人主義式的美國生活非常艱難，是一種令人感到非常艱難的生活。我認為這就是我的重點。每個家庭似乎都在做徒勞無功的事？」接著她聊到一個辦公室經理客戶的故事，她生小孩後就回斯洛伐克了，因為「少了家庭支持，美國夢就變個樣了。」

管理顧問現在是家庭主婦

重返職場並不在伊麗莎白近期的規劃。由於家裡有三個小孩，先生還是個忙碌的CEO，眼前的事顯然讓她喘不過氣來。值得注意的是，她覺得自己無法回到原本那份工作，而且也還沒找到另一條回歸職場的路。採訪時，她充滿焦慮——她經常使用這個詞，而且還不時提到有些事情未達到她完美主義的標準。談到兒子，她說：「幫他對我來說也是一個很大的挑戰，但有時也會帶來焦慮。我總是七上八下，嗯，不是非常焦慮那種，但我對孩子感到憂心忡忡。我有時候很擔心，因為我希望一切都能順利進行，希望每個人都是完美的，當然，生活並不總是如人所願。」

伊麗莎白和凱特一樣，期望工作有彈性以及有著跟資歷和經驗相稱的職位。但不同的是，她已經離開職場一段時間，缺乏自信，也不用為了錢去工作。在特權矛盾的典型例子中，她的焦慮以及一直無法確定職業方向，呼應我們在未曾重返職場的女性身上聽到的故事。假如我們要打賭的話，伊麗莎白未來很可能會追隨她們的腳步，更加投入志工工作，如今她已經在當志工了，而且感到心滿意足。

編輯現為教師

由於一直沒有自己的班級可教，五十九歲的楠設想再做五、六年以上的教師助理。隨著越來越年長，自己教一個班的希望是越來越渺茫。「坦白說，時間越長，就越不可能有自己的班級。我的意思是，他們為什麼要花時間來培養我？」雖然她考慮七十歲才退休，但也不願意想得**太遠**，也許是受到自己的教學經驗影響：「人活到五十九歲學會一件事，我不會把計畫放得太遠。嗯，我就只是盡力做好眼前的事。而且，這並不是說我不關注（停了一下）那些事，我做了計畫，但不是……不是固定的計畫。嗯，我認為那樣做很愚蠢。」

她對未來的想法轉向三個女兒。「當她們在為自己的（講話停頓一下）選擇奮鬥時，而她們也渴望去追求時——男朋友、職業——我當然鼓勵她們為自己打造一個成功、有趣的職業生涯。最重要的是有興趣，但她們也必須能夠養活自己。」談到自己的大女兒，她大學剛畢業，楠再次說到計畫沒用。「她還很年輕，嗯。我真的認為（停下來）把你的目光集中在某件事上的價值有限，因為很多事情你都無法真正控制。不論是經濟還是生小孩。嗯，我的意思是有很多因素，太多變數你真的無法控制。我真的不鼓勵她們（大女兒和另外兩個女兒）制定五年計畫。」儘管如此，她確實有個建議。「我想，如果我……要給孩子建議——要看她們在孩子出生時從事什麼工作——如果她們（對是否兼差）猶豫不決，我會說：『妳應該試試看。如果妳能繼續兼職，我認為這對一個女人來說非常明智。』」對此，她很快就又補了一句警告（出於個人經驗）：「這未必可行。」

由於家裡還有一個就讀中學的老么，楠似乎有可能繼續教書到退休。儘管對自己教書生涯的發展有些不滿，但她已經可以坦然面對自己的失望了。

交易員現在擔任非營利組織主管

梅格陶醉於新的職業生涯，她很高興自己能夠從志工轉換到她所熱愛的工作，而且也覺得「不同的能力」（來自她先前任職的營利企業），讓自己在裡頭顯得「與眾不同。」她覺得收入減少換來的生活「非常值得」，儘管梅格也和其他人說的一樣，在意是否能夠增加家庭收入，並且分攤先生的擔憂。談到先生對於她重返工作崗位的反應：

他知道我只有全力以赴才會最開心。坦白說，他也感到……我想一般男人都是這樣……我覺得他也感受到很大的壓力，不管你賺多少錢，除非賺的錢多到可以拿去信託。我認為他難免會擔心和焦慮，「要賺多少才可以呢？」當他知道在這個過程中有個幫手，他就可以減輕壓力。我的意思並不是我靠這份工作賺了很多錢，但我賺的錢足以負擔一大部分的大學學費。所以這……加強了我們的夥伴關係，因為他覺得這不全是他的事。

五十一歲的時候，她預見自己退休的生活，「當我六十五歲左右。我先生很可能會少接點客戶，而我也可能在那個時候辭職，回去當志工……種些花花草草並不是我想做的事，我必須在還有能力的時候做點義工。我沒辦法整天待在家裡無所事事，那會瘋掉。」

由她過去的紀錄來看，梅格似乎很有可能繼續走往她想好的道路。她最後回想起她最初說的話：「我想你們會從受訪的女性那兒聽到這句話。」她說：「我認為如果你在離開職場時對自己的能力有一定的信心，瞭解自己的能耐，那麼你就能找到一條利用它們的道路。」不幸的是，我們並未從所有受訪者那裡聽到這句話；事實上，梅格是少數幾個充滿自信且清楚未來的人。大多數女性最終經歷的是考驗她們能否堅持的一條路——也考驗了她們的特權，這為一些人開啟了一扇大門，但也關閉了一些人的大門。

科學家

丹妮絲是唯一能夠回到原本職場繼續工作的女性，她很享受走回老路，因為她現在已經得到並掌握住擔任主管的機會。她非常清楚自己能離開一段時間的特權：「照顧自己的小孩，這是一種特權！我們不用去做學生媽媽在做的事。她們做三份工作，白天打掃房子，晚上還要清理公事，真的是感謝老天啊！」

回想自己的選擇，以及她給其他女性的建議，丹妮絲說出一個共同的限制，重返職場的女性相當依賴自力更生、隨機應變、邊做邊說。

我經常這樣建議。我認為一切都取決於實際情況。我認為如果你有一個彈性的工作環境，工作適合你，你也喜歡，那就太好了，努力去嘗試吧。因為能夠兩者兼顧非常棒。但我的感覺是你必須取捨。既要做公司執行長，又要當孩子的母親，還要維持婚姻，同時交朋友，這實在非常困難。你不可能什麼都兼顧。因此，你必須真正弄清楚什麼行得通，並用你的最佳判斷，無論如何決定，只要滿足就好了。對於留在工作崗位上的人來說，一般來說效果不錯。對於待在家裡的人來說，這也很好。但我認為你真的必須做大量的心靈探索。

丹妮絲重返職場值得關注，因為她承擔起養家糊口的重任，目的是想減輕先生的負擔，她丈夫在打了二十年企業官司後，「真的累了。」正如我們從其他女性那裡聽到的，丹妮絲支持先生的動機夾雜著關心、公平和感激之情。當她說到先生剛獲得的日常生活時，流露出滿足感；在房子外面工作，「事情很雜，也很零碎」，讓他去追求各種嗜好。她說先生很「開心」，而她顯然也很開心，因為她能幫助他實現新的生活，這種安排似乎會持續到兩人退休。

似曾相識

當我們訪談並翻閱紀錄時，經常會有一種似曾相識的感覺，而且還伴隨著「改變的事情越多越多，不變的也越來越多」（*plus ça change, plus c'est la même chose*）的感受。當我們第一次訪問時，那些高成就卻從沒想過自己的人生會有一段時間留在家裡的人，正不安地把自己塞進「意外的家庭主婦」這個角色（而且這個角色造成她們的地位下滑）。接下來幾年直到我們再度訪問，她們大致接受家務勞動這種特權形式是專屬於她們的階級，尤其是這樣做具有維持地位的功能，其重要性在於她們準備讓自己的孩子長大之後的成就與她們相當。雖然在我們的第一份研究與第二份研究之間，發生了二〇〇八年的經濟大衰退，但這些女性與她們的家人都占據了安全的利基點，大多數（但不是全部）並未受到經濟衰退的影響。少數人靠著她們過去的專業經驗，扛起了家計，避免家庭財富急遽下降。

女性很有技巧地引導孩子穿過中上階級的家庭叢林，同時靜靜地保有重返工作崗位的希望，儘管很少人是被迫為了錢而如此。她們回到工作的路上經過兩個不同的階段：首先，孩子比較小的時候是家庭優先階段，其中的特色是充滿驚奇與被動——是工作找上她們——然後就是重啟階段，孩子這個時候比較大了，此時有著策略上的能動性與主動性——是她們找上工作。

這次的追蹤研究使我們進一步確定並釐清最初提出的許多主題和萌芽的新趨勢。即使是過著看似傳統的家庭主婦生活，女性仍保有她們的職業身分認同並渴望實現這些身分。尤其重要的是，我們在第一次訪談時就看到一些跡象，表明了這些女性雖然那時還未回到職場，卻已遠離她們過去的職業生涯了，她們感覺被那份工作擋在門外，而且那些工作的工時要求還是很高。我們還看到根據她們在家的經驗，她們對女性為主的照顧工作越來越有興趣。這對我們大多數的受訪女性來說，是一種徹底的轉變。我們當時納悶，這是一種帶有浪漫情懷的撩動還是一場交易呢？她們會試著回來職場嗎？她們回得來嗎？現在答案已經很清楚了——她們可以，她們也做到了，這**曾是**真正的交易，在她們的一生造成重新隔離和邊緣化的型態。

女性重新進入工作領域的過程似曾相識，因為對於彈性和兼職的需求是她們當初中斷職業生涯的關鍵原因，即使在孩子長大後，仍然是她們最重要的考量因素。較少被提及但也是我們最初就觀察到的是，她們默默地順從丈夫，而丈夫工作的重要性，還有丈夫不用顧及家庭責任這點，只會隨著時間有增無減。女性默默追求再就業之路，無論是轉換跑道還是兼差，都會小心翼翼地圍繞著先生的事業，不會和先生競爭。

我們看到女性如何利用她們的家務特權來準備和追求最有意義的道路、尋求自我實現，並且對社會有所貢獻，而不是追求報酬。許多人現在的工作收入遠低於她們退出職場前的工作，不少人是重頭開始。第二次行動，無論呈現多少相對客觀的損失（薪水和職位），大多數情況下都是成功且令人滿意。這代表了艱苦曲折且必經的中年職業重塑過程告一段落了，而之所以有這些過程是因為她們過去的公司和職場的工作性質不變，仍然對家庭有敵意，她們不能（也不想）再回去那裡。

新見解

基於長期的觀察，這次的新研究有幾個重點延伸了過去的結論。新的研究斬釘截鐵地指出，選擇退出的女性希望重返職場，儘管她們經常需要花比一開始預期還長的時間來充分行動，並且實現她們的意圖。雖然我們先前的研究發現，女性不容易重新就業，最終選到的工作也遠遠低於她們的條件，但我們發現了更多正面的結果，而且也因為我們採取貫時性的研究方法，因而揭示重新就業的過程有兩個不同的階段。第一階段女性確實在低於其條件的工作崗位上工作，但最終證明這是暫時、過渡性的階段，她們從這個階段反彈，過去橫斷面的研究忽略了這個反彈。即使她們反彈了，但大多數情況下，女性從未完全達到過去的高峰。然而，深入挖掘她們的決策後，我們的研究進一步表明，這種表面上的損失是無數個小選擇帶來的最終長期結果——這是她們在家務特權的約束和各種情況下所做出的選擇。女性選擇轉換跑道或轉向自由工作者的模式，把過去的專業領域和雇主拋在腦後——她們的特權要求她們也允許她們辭職與暫停工作。有一點很清楚：女性並非**恢復**她們的職業，她們重新開始並重構她們的職業。她們能夠成功重返工作崗位——克服履歷上的空白——或許在很大程度上不僅來自於她們享有的優勢，也在於她們願意重新開始並徹底重塑職涯。

我們的研究不但使我們能夠仔細剖析重新進入職場和重啟職業生涯的複雜過程，而且由於質性、深度訪談設計的優點，還能呈現女性做決定時面臨的各種複雜考量和無數壓力，這是調查研究所捕捉不到的。值得注意的是，我們記錄了家庭如何在孩子入學後甚至在空巢期之後繼續扮演影響女性工作的主要角色。而我們的研究結果也清楚表明，對於像我們研究的這些女性來說，丈夫工作對她們的影響，時常遭到忽視。先生那份薪水超優渥的長工時工作，給女性最初決定辭職帶來壓力，同時也繼續影響並限制女性重新就業的選擇，造成女性決定選擇女性主導和臨時的工作。我們研究的覆蓋面使人們注意到女性決策的許多脈絡——家庭／家戶和工作場所、階級和性別——清楚表明工作和家庭系統之間相互強化的本質。

特權的矛盾

這些被敦促「挺身而進」的女性正挺身而退。她們站在特權矛盾的十字路口上，她們的生命過程受到各種壓力與橫流的衝擊，這在我們後續追蹤所提供的長期觀點，看得更加清楚。受過高等教育的人在性別意識形態上最為平等，但卻有著最傳統的家庭結構。[1]階級使中上專業階級的男性在事業上享有特權，也使他們不用受制於和事業無關的家庭責任；事實上，他們主要的家庭責任**在於**他們的事業和養家。男人不需要做這一切，但在一個性別平等主義抬頭或至少是新生的年代，女人卻得如此。這使得各種背景女性的處境都變得艱難，但高成就的職業女性卻面臨著她們所在階級特有的壓力。正如我們所見，這些壓力特別不利於她們一直往事業高峰攀爬——而且特別有害，因為這些職業需要不斷追求才能成功。對於這些職業婦女來說，抽出時間離開職場、當母親，以及為家庭調適所帶來的職業懲罰，要比從事其他工作的女性高上許多。雖然我們並不要求你為那些過著看似富裕且滿足生活的女性感到遺憾——她們肯定也不希望你如此——但重要的是理解高成就的女性在試圖兼顧事業和家庭時，面臨了什麼樣的矛盾結構及文化壓力，這種關係構成了我們所說的「特權矛盾」，並部分解釋了為什麼像這樣的女性很少能達到職業頂峰。

我們對「特權矛盾」定義如下：高成就女性基於性別利益追求的職業成就、性別平等主義和經濟獨立，牴觸她們做為照顧者和地位保持者這兩種家庭角色的階級利益。換句話說，那些在菁英職業中最有能力獲得成功和領導地位的女性，部分是由於她們的階級優勢，不過一旦成為母親，這種特權就會遭到削弱。這種矛盾在各個關鍵時刻以多種方式表現出來。這或許不是一個矛盾，而是一系列在她們生命過程和工作及家庭之間相互聯繫和強化的矛盾。以下簡單列出我們在高成就女性身上看到的十條矛盾。

矛盾1：和職業相當的人結婚帶來不平等的職業。
矛盾2：平等的人結婚帶來不平等的婚姻。
矛盾3：高度投入事業的女性被評為不夠投入。
矛盾4：高職位聘用的女性很容易就被放走。
矛盾5：進入職業的門檻很高而退出職業的門檻很低。
矛盾6：好工作並不像表面看來那麼好。
矛盾7：菁英雇主、「最佳工作場所」是充滿敵意的工作場所。
矛盾8：職業女性有彈性，但只要一運用彈性就會引來懲罰。
矛盾9：女性離開她們湧入的男性領域而前往她們過往迴避的女性領域。
矛盾10：女性的經濟特權使她們可以自由追求將她們推向經濟邊緣的照顧工作（有償和無償）。

更廣泛地說，我們看見階級利益是如何不斷地與性別利益抗衡，面對工作與家庭這種難以兼顧的雙重束縛（這兩方面都加速成長），女性退出職場成了務實的做法。在工作方面，菁英工作中越來越多的超時工作代表了理想員工規範的強化，獨厚男性而不利於母親。高薪工作中對於理想員工規範的強化（尤其是更長的工時），也強化母性之牆（母職歧視），使得選擇退出職場成為高薪男性另一半在經濟上的理性選擇。男女薪酬持續存在的差距以及對於密集母職的性別化期待，意味著妻子幾乎總是「為了家庭好」而把自己的事業擺在一旁。選擇退出職場是邊緣化工作最極端的形式，但我們在各種所謂的「新傳統」工作家庭型態中，也能看到這種情況，例如，讓妻子委身於要求較低的工作或兼職工作。

在家庭方面，越來越不穩定的經濟環境引發中上階級越來越嚴重的地位焦慮，隨之而來的是強化育兒的理想和做法。這些女性生活在充滿競爭壓力的富人區，在此人們對於母職的要求不斷提高，也給這些女性帶來壓力，要求她們成為或體現出完全留在家裡隨時有空的「理想母親。」諷刺的是，毫無證據表明家庭主婦的努力使她們的孩子比職業婦女的孩子更有優勢，即使是在這個特權群體當中。事實上，如果要論及兩者的差異，證據顯示更有利於職業婦女，她們的女兒——尤其是母親受僱於高技能專業領域的女兒——更有可能在工作中取得成功，而她們的兒子更有可能會幫忙家務。兩個群體成年後的幸福程度並沒有太大差異：職業婦女的孩子與家庭主婦的小孩一樣幸福。[2]儘管如此，對那些脫離事業的女性來說，她們孩子的結果仍有待觀察，孩子成功是她們的目標。母職成為她們的新職業，她們體現的母職回歸形式，延續了文化潮流（cultural currency）。她們對這一理想的體現超越了她們的階級，於雇主之間延續了對母親的刻板印象，並創造了對所有母親都難以達到的期望，而對大多數母親來說根本不可能，因為她們缺乏資源——時間和金錢——來效法這些女性。

最初，職業婦女用來應對欠缺彈性的工作，以及先生老是不在家且不斷加班的短期策略而非長遠打算是選擇退出職場，但這帶來的弔詭後果，就是強化女性維持家庭階級特權的作用，同時加強她們在家庭和工作場所的性別從屬地位。一旦女性脫離了有償工作，家庭對於她們做為階級地位維持者的依賴就會增加，一方面可以助先生的職業生涯一臂之力（以及因他們長時間工作而提升的賺錢能力），同時增加她們小孩的社會資本。女性擔任高階志工（例如在當地社區組織的董事會任職），也有保持地位的作用，並能提高她們在社區的社會影響力和家庭聲望，同時也部分補償她們職業生涯的邊緣化。由於先生有賺錢的能力，女性擔任地位維持者的角色被認為比她們去賺錢對家庭更有價值。而身為傳遞家庭價值觀、文化資本和社會資本的她們，也被認為無法取代。

選擇退出職場之後，這群女性的階級地位也使得家務特權成為可能——沒有繁重的家務勞動，而是在母職和社區參與之中感覺到充滿意義及愉快。家務特權的吸引力進一步延長她們暫停工作的時間，改變她們對工作的偏好以及對工作的價值觀。嫁給事業超級有成的男性，也會削弱她們工作的理由與動機，並削弱她們過去高薪工作的正當性，同時也讓她們可以自由地在女性主導的領域和／或非營利部門，找到有意義的（儘管低薪）工作。

家務特權所帶來的回饋和樂趣誘惑著女性，即使這使她們在父權體制的議價中成為附屬品。藉此循環，選擇退出職場強化了工作僵化、性別歧視的結構，也強化了女性在家庭中的性別從屬地位，同時也加強了菁英間的男性特權。女性不僅成為地位的維持者，也成為父權體制的維護者。我們研究發現之中最大的諷刺是，女性培養她們的女兒（兒子也是一樣，只是不那麼直接）重蹈她們經歷的高成就和職業從屬關係的循環。雖然她們支持平等，鼓勵女兒擁有企圖心與追求成就，但她們卻打磨出截然不同的行為模式，使得選擇退出職場和特權的矛盾在下一代延續。

由於身上的富裕和特權，這些女性也面臨著所屬階級獨有的壓力。比起其他階級的女性（資源較少、且在工作與家庭間兩頭燒），這些女性的壓力並沒有比較大，她們要處理與克服的日常瑣事也沒有更艱難。然而，「擁有一切」的女性所受到的限制和壓力其實不為人知，不僅是外界草率地認定她們是可憐的小富婆才面對的有錢人問題，甚至是高成就的女性也是如此。她們把自己的決策掩蓋在自我選擇與自由裁量的話語中，並委婉地說那是自我再造。女性刻意模糊了自己面臨的障礙、她們過往職業中被扼殺的晉升及領導機會，以及重返職場的艱難。當我們第一次與她們交談，她們對自己的職業生涯被切斷感到憤慨，但現在卻是為了符合階級利益（而非性別利益）變成了接受和遷就。一方面，由於過去工作的情勢所迫，以及家務特權的誘人回報，女性的遷就因此看似合理。但另一方面，在另一個特權矛盾的例子中，她們並未看到這重新製造了她們自己所反對的情景——職場由男老闆及男同事主導，留在家裡的太太撐起對她們還有大部分職業女性不利的工作條件。

被迫選擇還是有特權的選擇？

儘管按照傳統的標準，女性回歸照顧家人的工作並不那麼賺錢，也不屬於菁英工作，但女性從中獲得的意義和滿足，經常更勝於以往的工作。女性以這種方式重塑自己，我們可以把她們另類詮釋為因為經濟上的特權使她們可以這麼做，所以她們得到解放而不僅僅受到限制嗎？畢竟，經濟沒那麼寬裕的女性（也許還有許多男性）可能會羨慕這群女性不受限制地享受家庭的充足時光。選擇退出職場的女性，由於家境富裕，所以能讓她們從工作中釋放出來，那些工作毫無人性地要她們奉獻時間，只在意盈虧，而且經常是一種厭惡女性的環境。反之，家務特權使女性有時間和資源重新投入到有社會意義和令人愉快的工作之中，並且提供她們與家庭及社區更深入連結的空間——這是大多數勞工，包括男性，希望的工作品質。事實上，在我們後續的訪談中，我們聽到許多女性描述自己的丈夫「疲憊不堪」，渴望擺脫無情的公司之輪，以便提前退休，或者像她們一樣，在「奉獻」的職業中追求「第二人生」。換句話說，女性面對自身職涯的改變竟然會有如此正面的積態度，可能代表了兩方面的默許，其一是身為母親幾乎不可能符合男性職業霸權的——一種被迫的選擇——同時她們也欣喜或至少感激自己能拒絕工作——一種特權的選擇。[3]

然而，目前為止已經再清楚不過了，這對女性來說並非雙贏。在另一個矛盾中，女性的特權已經把她們從對母職充滿敵意且毫無底線要求的工作，換成有彈性與具備社會目的的工作；但同樣的選擇也使她們在經濟上遭到邊緣化，減少了她們的社會及婚姻權力，並阻礙她們躋身菁英行業的領袖之路。隨之而來的問題是，這樣的權衡不可避免嗎？或者是否有公共與（或）私人的解決方式呢？使得女性和男性都能更好地調和人類認同的兩個領域——愛及成就、家庭及工作？

重啟計畫

回到本書一開始的場景——資歷和本書人物相同的一屋子女性，小心翼翼踏出她們重啟職業生涯的第一步。這樣的場景越來越普遍，我們目睹這一切在美國各地上演。職業重啟現在是個新興行業，目標鎖定在這些女性所居住的富人區和她們畢業的名校。這些計畫最初是因為體認到女性重返職場的需求，因此由「供給方」帶動，現在則越來越多是由「需求方」推動，因為雇主在緊縮的勞動力市場上，試圖利用這片未經開發的人才庫，來讓勞動力變得多樣。為了進一步瞭解這些計畫，我們採訪了iRelaunch的創辦人和執行長科恩（Carol Fishman Cohen），iRelaunch是同性質方案的先驅，目前也還是業內的領導品牌，科恩還是重返職場工具書的作者。[4]她自己也是頂著哈佛MBA「選擇退出職場的女性。」科恩嗅到了市場的商機，因此伸出觸角支持像她一樣試著重返職場的女性（與男性），也就是她口中「職涯中斷的人。」以她身為行內先驅的角度來看，科恩認為這個問題在二〇一〇年左右來到「轉捩點」，當時因為有「一大批備受矚目的文章和書籍」

都越來越關注女性和工作的議題，而使得二度就業「風起雲湧」。

iRelaunch的目標受眾是像創辦人一樣的女性，也就是我們研究的對象。她們受過高等教育，大約三分之二擁有碩士以上學歷；她們有不少工作經驗，「處於職業中段或資深」，而且已經離開職場「一年至二十年以上。」藉著跟專業協會和大學合作（大學認為iRelaunch的工作坊是對在家校友的一項重要服務），iRelaunch所提供的方案，觸及了我們研究中許多女性點明的需求。根據科恩的經驗，同時也從我們的研究看出，重啟職涯面臨的最大挑戰是「弄清楚你到底想做什麼」，她說：「嗯，這是一切的動力。除非你完全清楚自己的職業目標為何，否則你就無法好好整合自己的說法和求職資料，無法讓老闆知道你如何為他增值。因此，我認為讓他們經歷一場徹底且適當的職業評估非常困難，但我認為這是整個過程中最重要的一環。」正如我們所見，這需要一段漫長且曲折的尋尋覓覓，有些女性可能沒有那麼多的摸索時間。她建議大家接受「不那麼完美的工作」，「這可能只是她們的一個跳板」，並且不要「抗拒臨時工作」，這「帶你進門」，並「可能變成一份固定工作。」在我們的研究中，這兩條建議都獲得女性採納。

科恩是實習生（在這個脈絡下，也可以稱為「返職生」〔returnships〕）的鼓吹者，她在《哈佛商業評論》上發表了一篇深具影響力的文章，題為〈四十歲的實習生〉（The 40-Year-Old Intern）[5]，自二〇一二年發表以來，此類專案明顯增加，其中最早的是二〇〇八年。正如她在文章中的回憶，「一夕之間（在二〇一三至一四年），大都會人壽、瑞士信貸銀行、摩根史坦利和摩根大通都推出各種方案。iRelaunch網站顯示，現在有幾十家公司提供自己的方案，像是嬌生公司的「重燃」（Re-Ignite, Johnson & Johnson）和通用汽車的「挑戰第二份工作」（Take Two, General Motors）。iRelaunch一開始集中於辦理一天的工作坊和各種培訓課程來支援女性（他們絕大多數的客戶），但自二〇一四年以來，隨著企業的利潤不斷提高，它也「成為（企業和再就業）專案的招募平台。」科恩建議公司「去尋找你的遺珠之憾，嗯，你的高績效員工。」

不同公司之間的方案雖有差異，但基本特徵大致雷同。提供少量的帶薪實習機會，最終進入一個龐大且競爭激烈的池子。科恩說：「有幾百個人申請，但他們只會挑選幾個人，所以……標準很高。」、「進入的門檻和離職時間的長短有關，有些最少是兩年，有些則比較寬鬆，基本上不設離職時間長短。有些也需要業內的工作經驗，實習期間願意全職工作，基本上是十到十二週之間。有些方案還有其他要求，像是大學平均成績或是取得最新的證照，但大致來說都有個最低標準，這會讓重返職場的人打退堂鼓。」

根據科恩的說法，這些方案對老闆與實習生來說都是一場「測試」，雇主明確表述，不保證實習生完成實習後就能工作。一般來說，正如事先的聲明，成功獲得工作的實習生，應該要能全職工作，儘管有些方案提供彈性的工作時間。在挑選合格候選人時，公司「不僅看他的條件，而且也看他是否做好準備」——實際上是指承諾回到全職工作。

這些工作雖然前景看好，但都是全新且高度專業的工作。科恩證實，到目前為止，方案有效性的評估並不多，無論是有多少女性把實習機會變成工作，還是從不太嚴格的標準來評判，例如方案多大程度提高了女性的職場準備。她指出了兩點「重返職場對話中真正緊迫的問題」，這也是我們訪談中的首要及核心問題，「一個是兼職，另一個是年齡歧視。」她進一步說明兼職，十五到二十個小時的兼職並非再就業的可行方案，但科恩提醒，不要把兼職和面對面上班的時間混淆，並提供一個變通的解決方案，「如果到辦公室面對面上班的時間是個問題，你可以做跟全職工作一樣長的時間——顯然有些工作每週要去上班四十個小時——那麼你有時候必須在家工作或必須在非正常時間工作就更是問題。」她的確提到自己已看到老闆在時間彈性方面（各種類型而不僅僅是兼職）有了些許的改變，只有少數老闆會在「一開始的面試」而不是在「員工證明自己物有所值」的時候就跟未來的員工討論這個問題。她正在研究「有彈性的再就業計畫」，但她承認「這真的很難。」順帶一提，我們訪問過的重返職場者，也呼應這一觀點。例如，加州帕洛阿爾托的一家獵頭公司試著將雇主與重返職場的女性連結起來，他認為：「在矽谷，彈性是個禁忌的字眼。」兼職、減時工作仍然是絆腳石。科恩合作過的許多女性最初想做兼職，但後來意識到，「除非我改變態度，接受全職工作，否則事情就不會如我所願」，「經歷一路走來的一些小插曲之後，我覺得還不錯。」

年齡歧視的問題也相當複雜。科恩發現，返回職場女性腦中的想法往往被誇大，其影響之大，以致於「使人們根本無法跨入重返職場的過程」（我們也觀察到這一點）。根據科恩，對抗年齡歧視最重要的一點是「在你的領域裡真正地、真正地跟上時代。」這可能意味著正式的文憑證書，但根據她的經驗，更重要的是私底下要不斷瞭解新知，對該領域新興的問題保持敏銳度，讓重返職場的人以「活力四射和熱情洋溢的方式」來討論事情，對抗年齡歧視的刻板印象。

重返職場的方案與支持不斷增加，證明人們逐漸承認選擇退出或職業中斷是這些受讚賞且高成就女性的工作家庭策略。這些方案有可能是私人和家務特權策略重要的一環，只有像我們研究的這些女性才可以如此運用，而我們的研究也發現她們有這類需求。我們對這些方案的觀察，雖然不是有系統的評估，但顯示它們既提供了「軟的」情感和職業支援，也提供了「硬」技術培養的支持，這些都是重返職場的女性所尋求的東西。它們在重返的女性及雇主之間扮演關鍵的媒合角色，以及一個庇護的空間。

雖然雇主對返回職場的女性表現出興趣並且願意接受她們——這是加分——但他們的實習方案也突顯出一些問題，並提出一項警告。首先，提供這些計畫的公司，即所謂的「優秀雇主」，長年出現在「最佳公司」的名單上，它們爭奪一流人才，其特色是工作時間很長，強調理想員工的文化。這些正是女性選擇退出職場前上班的地方。第二，這些方案要求你表現出理想員工的承諾——女性顯示出「準備好」並且願意全職工作。這些公司似乎對自己的加班文化無動於衷，常常要求職場上的媽媽退出，從而讓我們看到女性流離失所和再造職涯的過程啟動，還有女性回到她們曾經離開且毫無改變的舊職場。然而，我們的結果顯示，女性重新開始職業生涯時，會對回到這類公司有所顧忌，除非公司能夠接受更彈性的工作方式並改變工作環境。

選擇退出、選擇重返與性別不平等

選擇退出，或者說職業中斷，啟動了一場有如骨牌效應的連鎖事件。女性因選擇退出勞動力而受到懲罰，但當她們選擇重新加入，卻發現自己採取的策略也連帶受到懲罰。雖然在高階專業工作「全有或全無」的脈絡下，選擇退出職場體現了中上階層家庭的階級特權，但它卻使得女性的職業生涯走向邊緣，迫使她們先退出職場，並且在接下來許多年大幅縮減其職業生涯。此外，這發生在職業生涯中期的關鍵時刻，同一時間她們或者至少是她們的男同事，正處於起飛的階段。女性選擇退出職場，長期來看有三種不同的結果，每一項都強化中上階層家庭的性別不平等和整體的性別不平等：（1）永遠不會回到勞動力市場；（2）重新選擇完全不同的領域，這些領域比過去的工作更有彈性，但往往是女性占主導、工資較低的領域；（3）重拾過去的職業，但做的是薪水較低、較無保障且較不穩定的次要工作。

第一種結果中的許多人不曾完全回到有償工作，她們經歷嚴重的挫折，感覺自己的潛力並未完全發揮。其他兩種女性認為自己為家庭做出的職業犧牲相當值得，她們把有裡子和面子的工作，換成那些被認為有社會意義的工作。女性重返職場時把職業生涯轉向低薪的照顧工作，可看作是生命軌跡的職業再分隔（resegregation）過程，女性在初入職場時打破性別障礙，結束時卻再度創造性別分隔、擴大而不是縮小性別鴻溝。女性在次級臨時工市場上的邊緣化，進一步延續性別劣勢——使她們在經濟上更加脆弱（例如，穿插性的就業和缺乏養老保障），並使她們被擠出原本要走的主管之路。因此，經過中斷職場以及之後的職業轉向，女性選擇退出職場的兩個階段，也就是一開始決定退出以及最終決定選擇重返，全都加劇這群前程似錦、潛力十足的女性所面對的性別不平等。

超越特權的矛盾

針對選擇退出和重返的策略，即使是有特權的女性，也是在相對有限的選擇範圍內操作。她們努力打造個人的、私人的解決方式，儘管她們處於有利地位而可以這樣做，但也要承擔相應的成本和風險。她們對新職業的滿意度和幸福感與她們所遭受的客觀損失明顯脫節，顯現以私人方式解決公共問題的侷限。受過高等教育的職業女性發現，為了極大化所處階級的利益，她們不得不為家庭做出代價很高的權衡，但這卻違背她們的性別利益，以及攸關性別平等的更大議題。在這場名副其實的「公地悲劇」（tragedy of the commons）中，群體中的個別成員為了尋求個人利益而傷害整個群體，高成就女性的解決方案對她們來說有效，但卻傷害一般的職業母親，因為她們延續了母親工作不夠盡心的刻板印象，並保留且強化理想工人的規範和做法，而這將不利於她們重返職場。我們應該認清，丈夫也受到當前工作和家庭結構以及隨之而來的妻子選擇退出職場現象所傷。由於太太實際上是被迫離開她們的事業，丈夫實際上也被迫離開家庭，扛起養家糊口的重擔，留在辦公室無止盡地工作（男性特權的懲罰或陰暗面）。

從更私人且更個人的角度來看，把選擇退出和重返職場理解為女性相對不受約束的選擇和偏好，其實忽略了整體圖像，也就是菁英職業的人力流失和人才流失。我們的研究顯示這些女性之中有許多人才未能充分利用。我們需要打破高成就女性選擇退出職場、職涯變得從屬以及偏離軌道（derailment）這樣不斷上演的循環，尋找各種方法來充分利用這些人才，同時也使女性（和男性）能夠實現他們同時兼顧（而不是依序照顧）事業和家庭的渴望。

此外，超越私人的解決方案有其必要，這樣才能使肩負家庭責任的職業婦女有更多自由決定自己的職業方向。有些女性仍然決定不回到以前的菁英職業，大大方方地在慈善事業或照顧工作找到一片天，這種選擇不應該是一種邊緣性的選擇。但是，如果有適當的支持，我們認為許多從事高階工作的女性會選擇維持她們原有的職涯；相比之下，只強調私人解決方案不會帶來任何誘因。

更廣泛地說，只關注個人層次的解釋和解決方式，可能會模糊經濟和社會力量等限制和影響個人決策的更大作用，例如工作步調加快和經濟不穩定的持續壓力。再往後退幾步來看，選擇退出職場也和婚姻模式的歷史變化有關，我們看到社會頂層內婚（homogamy）的比例越來越高。這些潛在的情況，尤其是涉及經濟的部分，可能要也應該要處理，雖然這需要很大的政治與政策上的改變（後頭會討論），但同時我們也需要更貼近與中間層次的政策，至少緩解女性選擇退出職場的因素，扭轉其中帶來的最大傷害。 6

我們如何才能從中斷、錯誤的開始和一再重來的職業生涯，支持像我們所研究的女性？我們要怎麼做，才能在她們的工作生涯中促進連續性和流動性、留人與晉升，充分利用她們的才華和技能呢？我們要怎麼做，才可以使她們的職業與丈夫的職業平起平坐（但同時又能讓丈夫獲得更大的家庭彈性和家庭參與呢）？我們建議在政策上有三大努力方向。首先，針對工作時間創造一個對家庭和家長友善的工作場所。第二，消除以男性和女性為主的傳統職業在薪水和地位方面的性別差異。第三，改變家庭的勞動分工，放下男性養家糊口／女性居家照顧的堅持。要解決這些問題需要各層級的政策。比方說，薪水平等和懷孕歧視等各種相關政策的經驗表明，由各個層級——地方、州和聯邦——提出政策的重要性，以削弱聯邦強大的政治兩極化。我們也需要改變政策來鼓勵和促使私部門做相關的努力，讓這些一流公司，例如那些女性離開後不再重返的公司，在各自的行業中打造最佳做法。他們的最佳利益是開創以及實施——以及示範——能留住最優秀女性人才的政策和做法，幫他們實現自己公開宣稱的多樣性，包括讓更多的女性成為主管。

創造對家庭友善的工作場所：駕馭工作時間

在勞工這個類別，專業人員最能控制自己的工作。控制是彈性的關鍵特徵，也是把工作和家庭生活完全成功結合起來的要件。[7]然而，抵消這一優勢的是專業工作領域對高工時、面對面和全天候隨時待命的要求，這是任何擁有自主權和控制權的工作者都無法克服的問題。除此之外，對彈性上班的異樣眼光（污名），也削弱彈性上班的使用率和有效性。我們和其他人的研究都指出，極端的高工時和專業工作的特性，對於要兼顧工作和家庭的人來說，是揮之不去的不利因素，這對公司的領導階層尤為明顯。越來越多的研究表明，極端的高工時對各種重要的結果都會帶來傷害，像是生產力和健康。期待公司限制工作時間，這是女性選擇退出職場最直接的原因，同時也是重返職場者的一大考量。正如我們清楚看到的，男性過度工作造成女性的工作不足（反之亦然）。這種意外的結果早已顯現，一流企業不能再忽視他們的工作結構製造了男性職業優勢（儘管對男性來說是潛在的健康和家庭成本）和女性職業劣勢，這種結構造成了男性留在職場和女性的反反覆覆。

公司位於前線，但他們減少或控制工作時間的長期變革，從紀錄上來看，充其量是好壞參半。快速瀏覽一大堆針對公司「靈活性」的研究和軼事，可以得到以下答案。實施面多廣？相對有限。誰在使用？主要是專業職位的員工和女性（例外的是男性業務，他們工作的時間和地點都有彈性）。何種情況下使用？為了解決孩子（以及越來越多的老人）對母職或照顧的需求。能夠有效滿足員工的需求，並讓員工同時滿足自己和公司的需求嗎？彈性工作的員工有比較高的工作滿意度、績效和公司忠誠度。公司吹噓著彈性，卻往往不能普遍或固定實施，使得它很容易因為經理的自由裁量權或經濟景氣動盪而打折，就像二〇〇八年經濟衰退以及後續的結果所發生的那樣。即使經濟升溫的時候，常見的嫌疑人——金融業、法律業、管理顧問——似乎又故態復萌。新興行業也沒比較好，隨著高科技世界的極客兄弟（geek bro）文化複製美國其他企業的兄弟會（frat boy）文化（見面時穿著T恤而不是戴領帶）。

民間公司的努力值得鼓勵，但正如紀錄所示，不能依靠雇主來啟動和持續實施彈性與減時上班。為什麼呢？短期來說，這些努力對公司來說頗為耗費成本，除非所有雇主都採取同一套標準，否則他們很可能會被（誤）認為踩到了公司的底線。因此，公共政策的解決方式有其必要。其中一項最直接的解決方式就是讓長時間工作變得很貴，要求老闆支付加班費給專業人員和管理人員，使得《公平勞動標準法》（Fair Labor Standards Act）的加班規定擴大到長期被排除在外的那一群員工。隨著工作時間越來越長，以及專業／管理人員的就業受到科技和去技術化的威脅，專業人員對按時工作的歷史反感正在削弱，而籲求解決方案的呼聲也正在增加。在其他國家，特別是歐盟國家，管控工時已是根深蒂固的政策，他們規範彈性工時以及工作時間的上限。他們還制定了兼職平等法，防止各種明文規定對兼職工作的懲罰，例如從金錢顯示其對彈性工時的污名。

這些國家的工人**有權**要求一份兼職工作，而雇主想拒絕時則有責任提出可信的商業理由。不論是長時間上班還是歐洲人所說的非標準工時，在美國都是日益嚴重的問題（專業人士不像製造業及服務行業的工人那麼常見），歐盟和其他國家提供了一系列經過測試的政策，可做為各級政府努力的範本。

終結職業內部和職業之間的性別歧視

工作上的性別歧視意味著，在其他條件相同的情況下，女性——即使資歷與丈夫相當的高成就女性——也可能比丈夫的收入還低，而且前途更加黯淡。女性和男性之間的市場不平等轉化為妻子和丈夫之間的職業不平等，我們看到這樣的影響漸漸突出。如果要實現公平競爭，就必須解決傳統的性別歧視以及各種類似的問題，像是對於母職的歧視。我們有反歧視法解決最明目張膽的情況，亦即女性做同樣的工作卻得到較少的報酬，或者雖然最符合條件卻得不到晉升。這些法律需要積極執行，如同孕婦歧視法那樣，它是我們慢慢解決母職歧視最接近的方法。

但是，現有的法律，即使充分執行，也只能解決性別收入差距的一小部分，其中更大的原因是由於職業分隔——男性和女性所做的工作類型相差甚遠，以女性為主的職業工資較低，主要是因為女性從事這些工作，而且是一大群人，進一步拉低工資。[8] 增加女性工作的收入，反映工作對她們的要求及責任，並且消除性別組成壓抑薪水的效果，需要採取不同的方法：為女性主導的工作提供與男性主導的工作相當（不是相同或相等）的薪水。這項政策被稱為薪酬公平（pay equity）或可比價值（comparable worth），我們在州政府和地方一級已經看到了有限度的實施，但為了充分發揮作用，必需在聯邦一級單位頒佈實施。

此一政策特別適合於挽救所謂的女性「半」（semi-）或「準」（quasi-）職業上的報酬不足，以教師為例，這份職業需要不低的文憑，但報酬卻相對可憐。[9]這些職業僱用著許多頂著一流學歷的女性，正如我們見，這些工作對於重返職場的女性特別有吸引力，然而其中大多數女性從學校進入職場和一開始制定職業目標時，壓根沒考慮過這些職業。我們在此看到系統性貶低「女性」職業的另一種方式：它使這些職業配不上那些雄心勃勃、高成就的中上階層女性，她們準備（接下來也準備讓自己的女兒）從事男性工作帶來的「更大好處。」這種人為的、系統性且有歧視性的貶低，掩蓋了以下事實，亦即傳統上女性為主的職業所包含的照顧工作，本質上具有的價值（事實上對經濟的運作至關重要）和意義（對許多人來說比她們過去的職業更有意義）。它迫使女性不得不在報酬和其他理想的工作品質（經濟學家稱之為「補償性差異」〔compensating differentials〕）之間做出錯誤的交易，這是我們看到她們做的事。如果女性的工作得到公平補償，職業的性別再分隔就不一定是個問題，而解決的方式也不會是讓女性留在傳統的男性工作中賣命。適度重視女性的工作，不僅可以提高和啟動女性更多的選擇，也可以吸引男性進入這些領域。如同讓更多的女性進入男性領域的傳統策略，把男性整合到傳統的女性領域，也大大推了性別平等一把。

鼓勵男性共同養育子女

不論對男性或女性，生兒育女都標示著人們在工作和家庭有了重要轉變，而在這樣的時刻，我們看到階級和性別的差異浮現，伴隨母職而來的父母身分認同跨越所有階層，但是男性養家糊口的優勢在富裕的中上階級最為明顯，這使得性別和照顧工作的脫鉤特別不容易。正如證據表明，女性從事母職的懲罰特別大，證據同樣表明，男性從事父職工作的懲罰也是如此。從事專業工作的男性幾乎是唯一可以享受帶薪或不帶薪育兒假的上班族，他們因休育兒假而受到懲罰，而且一如眾人所料，他們對休育兒假猶豫不決，或者只休了一小部分可用的假期。除了減少工作天數之外，男性使用育兒假似乎還違反了深植於男性氣概上的理想工人規範。質疑他們夠不夠具有男子氣概，也等於質疑他們的工作能力和對工作的承諾。克服這種對彈性工作的異樣眼光，正是我們需要公共政策而不是私人解決方案的另一個原因。

如同制定政策來解決市場的不平等問題是一件充滿挑戰的事，結束（或開始消除）家庭照顧工作的性別不平等，也一樣具有挑戰性，甚至有過之而無不及。正如我們需要在勞動力市場上更重視有償的照顧工作一樣，我們也需要更重視並支持家庭之中的無償照顧工作。更大的目標是設計一套嶄新的照顧基礎設施，既承認照顧工作是一種公共財（public good），也呼籲男性多多分擔自己的照顧責任，或真正地共同養育子女。同樣地，我們可以從其他國家找到範例和先例。例如，他們的經驗表明，如果是帶薪休假，男性休假的意願會比較高，那可以抵消他們高薪的一時損失；不帶薪休假，如美國通過的《家庭和醫療休假法》（Family and Medical Leave Act）所實施的休假，有利於女性休假，並且強化傳統的家庭勞動分工和女性在市場上的從屬地位。為了避免這種情況，瑞典提供了一個如何誘導男性帶薪休假的例子。透過普遍的社會保險體系，瑞典人為同一家庭中的母親和父親分配了單獨的、不可轉讓的帶薪休假，從而讓父親有誘因使用帶薪休假，父親不用就沒了。即使是像瑞典這樣一個進步的國家，也對該政策的成功感到驚奇。不僅男性休假的人數多上很多，而且這樣做的經驗對男性履行父親照顧工作的文化態度產生長期影響——使他們的照顧變為常態。[10] 在瑞典的文化態度大為改變之後，有證據指出，不願意充分利用育兒假的瑞典父親，正是覺得這樣做會受異樣眼光傷害的人。

加拿大魁北克省的一項類似「不用就沒有」（use or lose it）的陪產假計畫，不論是對父親接受產假，還是讓父親分擔照顧的責任，都大為成功。最近請帶薪陪產假的父親，比例從二〇〇五年的二十八％（就在「父親額度」〔daddy quota〕實施前）飆升到二〇一五年的八十六％。更令人吃驚的是，研究表明到二〇一〇年為止，比起加拿大其他地區的男性，魁北克男性休過育兒假且重返工作崗位之後，花在家務和照顧孩子的時間多了二十三％。同一研究發現，隨著父親增加在家的時間，母親花在家裡的時間也減少了，而工作的時間則增加了。同樣的，冰島的父親額度也帶來顯著的進步。冰島有九〇%父親選擇使用而不是放棄專屬的陪產假，根據一項研究，自法律通過以來，已婚且同住夫妻平均分擔育兒的比例大約增加了一倍。顯然，有策略地使用公共政策，可以對家庭內部的性別動態產生重大而持久的影響，包括讓父親參與孩子的養育。[11]

體制變革

顯然，以上提出的變革方案有賴美國社會的走向徹底改變——遠離日益不平等且仍由男性主導的經濟。唯有社會將更人性且更平等視為優先事項，那麼給予上班的父母更多時間、讓男女工作的價值與薪水相當、鼓勵男性完成一起養育子女的責任等等相關政策才有實現的一天。如果沒有強而有力的政治來挑戰更大的現狀，那麼廣泛的進步政策，包括我們所提出的政策，就不可能實行。總而言之，美國的社會體制（和權力平衡）需要明顯轉變。我們所知的資本主義（也被稱為「新自由主義」）和父權制的普遍形式必須改變。

這種體制變革不僅僅需要實現我們所鼓吹的具體政策，也必須創造一種經濟和文化環境，幫助高成就的母親在職業生涯大放異彩、不受干擾或偏離軌道。減少目前壓迫大多數美國人的經濟不平等和不安全感，緩解中上階層家庭的經濟和階級焦慮。這將減少母親，就像我們的研究對象，從事極端（可以稱之為「保護性」）育兒工作的壓力，從而幫助她們留在自己的事業當中。創造一種性別更加平等的社會，讓照顧工作被視為公共財——使得其他工作有可能實現——讓照顧工作獲得適當的重視、獎勵，並由男性和整個社會平均分攤，這也是解決特權矛盾的一項重要目標。[12]這種轉變將促進市場工作和家庭生活的結構性變化（例如，減少上班的週數、創造好的兼職工作、共同養育子女），讓高成就的女性和菁英職業的男性同事之間有公平的競爭環境。同時，這樣的變化將減輕男性負擔家計的重責大任，讓他們可以自由的參與且進一步享受家庭與社區生活帶來的滿足感。

這樣的體制變革，也會幫助那些仍然選擇放棄過往職業生涯的女性。一個更加平等的經濟體系，藉著更強大的勞動法律和法規，解決每一個臨時工所面對的關鍵問題（如沒有福利以及缺乏工作的連續性和安全性的問題），包括以接案身分重返過往職業的女性。同時，更加人性化和性別中立的社會，將獎賞那些選擇把自己的職業生涯調整到照顧專業的女性（和男性），而非讓他們在社會和經濟上變得邊緣。

值得注意的是，上述的體制變革不僅會使我們研究的女性受益，也會讓許多沒有特權的女性得到好處。顯然，一個更公平、以照顧為導向的經濟，將為絕大多數女性和她們的家庭帶來更好的工作和家庭生活，因為在過去幾十年裡，她們普遍遭受越來越大的經濟壓力和焦慮，而且她們控制工作對家庭生活侵擾的能力也遭到削弱。在此變革中，有特權的女性和無特權的女性之間的利益重合，有助於為可行且必要的政治變遷奠定基礎。

有些讀者可能會質疑這種漸進式的變革是否可行、是否實際。很重要的是，我們再次注意到，這或多或少已經在其他福利體制比美國更強大、社會結構更平等的資本主義社會發生了。正如前面所言，變化最大的是北歐國家。雖然美國似乎本質上就不可能朝這個方向轉變，但在過去的進步時代、新政（the New Deal）和一九六〇年代的大社會時期（Great Society），這種情況確實一再發生，當時就頒佈實施了一系列被認為無法實現的社會民主政策。這些變化因持續的社會壓力而實現，沒有絕對理由認為這不會再次發生。

我也是？*

正如本書導論所言，雖然選擇退出職場的問題明顯屬於擁有特權的女性，但也可以看作是所有女性共有問題的體現。無論是長時間的工作（職業婦女），還是不可預測的行程，以及缺乏帶薪育兒假和病假（低收入和中等收入女性），不彈性的職場使得所有女性在經濟上遭到邊緣化，並迫使每一位母親縮減她們的工作、薪水和晉升的前景。這些共同問題的交匯可能是讓女性集結起來要求變革的一大契機。

但是，本書強調的高成就女性又是如何呢？她們會成為促發改變的人？還是現狀的守護者？在追蹤訪談前，我們比較樂觀，因為調查發現，女性在接下來的十個年頭主要是透過有利於自己和同一類人的志工工作，來確保自己的階級優勢。她們並不是把失去工作的感受和怨恨用來打造一個對家庭和母親更友好的職場，而是用於實現她們的夢想和對子女的期望，又或者是用於重新想像和重塑自己。這些女性為中上階級與專業階級女性開創了事業和家庭兩頭燒的解決方案——但這些解決方案包括改變自己，而不是改變造成她們困境的制度和體制。這類女性能不能衝出她們的金絲籠（gilded cage）創造我們所呼籲的那種更根本的變革呢？若要這樣做，她們需要放下種族和經濟優勢的誘惑——這無疑是維持她們成為父權體制共犯的強大誘因——轉而和各種膚色及不同階級的女性聯合起來，挑戰耽誤所有女性的這種不公正的工作和家庭結構。

現在可能是想像這種情況發生的歷史時刻。不僅僅因為性別歧視在公共意識之間興起、女性主義在年輕女性之間復甦，#MeToo運動也提供了變革的新做法。[13] 最初由黑人女性塔拉娜（Tarana Burke）所發起，支持低收入性侵受害者的草根運動，現在擴展到職場的性騷擾和平等權利。[14] 不過它未必會跳躍一大步，擴展到工作與家庭之中的職場彈性與性別平等。

＊譯注：作者這裡借用的是近年女性反性騷擾的#MeToo運動一詞。

#MeToo之所以如此引人注目與充滿希望，乃是因為在經典的女權主義公式之中，它將個人分享的親密證詞與政治結合，透過社交媒體聯繫及動員不同背景的女性。#MeToo大聲點出過去被認為是逆來順受、理所當然的行為，這些行為過去隱藏在眾目睽睽之下，人們的冷眼旁觀以及共同沉默，讓這些行為變得正常。同樣地，過去被視為常態的極端工時和加班等菁英工作本質，正受到挑戰。這一切逐漸被認為是驅動性別不平等的關鍵因素，而這對於所有工人來說，都不人性且不健康。性別角色以及性別本身，正被重新想像為更流動與較不具決性定的理由。

當我們點出和剖析特權的矛盾之後，也希望能激發另一個#MeToo時刻。矛盾將兩種看似不相容、牴觸但又共存的狀態並排在一塊。這種並排使我們以新的方式看待事物，不一致突出了被視為理所當然的現狀以及現狀無法運作的困境：像是招聘高成就的女性來從事家庭與工作只能二選一的工作，或迫使她們不斷地重新創造新的工作方式，造成她們的技能和才華無法充分發揮。一九八九年，貝特森（Mary Catherine Bateson）寫了《拼湊生活》（*Composing a Life*）這本跨時代之作，談及「女性獲得成功時面對的個人和職業障礙」，書裡顯示當時的女性（她們大多在一九六〇年代和七〇年代成年並開始職業生涯）不得不把「生活過得像一種即興的藝術形式。」[15]而到了今天，情況並沒有太多改變，這些女性的女兒與孫女依然在即興創作。而且，我們的政策建議熟悉到令人沮喪——呼應了學者和行動主義者過去二十年來不斷提出卻仍未實現的建議。

但是，目前我們有了滿心期待的理由。撰寫這個篇章時，我們正處於對女性來說更大的政治變革時刻，我們見證了川普當選後女權主義者的憤怒和行動主義的真正復興，以及隨後在二〇一八年的選舉中，女性（特別是有色人種女性）競選與勝選的人數激增。我們所研究的女性在這波政治變革中站在哪個位置？當更大的趨勢超過制度，或新興趨勢相互碰撞時，社會變革就會發生。特權的矛盾告訴我們，我們正處在這樣的時刻。現在是有特權的女性注意召喚的時候了。最近《紐約時報》的一篇文章讓我們同時看到了希望和絕望。[16]絕望是因為一起疑似歧視懷孕的案例——當雇主得知他們錄取的博物館策展員是名孕婦時，取消了她的錄取資格。希望則是因為這位女性受到#MeToo運動的啟發而提出訴訟，利用她的特權來幫助自己與其他女性。「我很幸運自己受到眷顧，我是一個中產階級的白人女性。我的先生有一份好的工作，如果發生最糟的情況，他能夠支持我。我想如果我都不敢說出來，誰會說出來呢？」我們的希望在於這份研究使得跟我們研究對象一樣的女性，包括那些尚未選擇退出職場的女性，帶來一個相同的頓悟時刻（eureka moment）：意識到她們也可以和其他背景不同、沒有特權的女性一起發聲推動變革。同時，在這場更大的進步變革運動，身為其中一份子的她們，可以幫助建立一個更人性、更平等的社會——允許所有女性（和男性）享受他們應得的工作和家庭生活。現在是時候了，時候到了（#TimesUp）。

附錄 研究方法

研究設計

本書奠定在前後兩項相關的研究。第一項研究主題是《菁英媽媽想辭職？》（*Opting out?*），探討決定離開職場的女性過著什麼樣的居家生活。[1]第二項研究則是在十多年後對同一批女性追蹤調查，瞭解她們的工作和家庭生活因退出職場而發生什麼事。這兩項研究共同構成一項貫時性或固定連續樣本（panel）的研究。這種設計的優勢在於它能夠在較長的時間內追蹤同一組人，描述和解釋早期的生命事件如何影響之後生命歷程的變化和起伏。因此，追蹤研究採取的各種方法，例如抽樣，很大程度是由原先的研究所決定（詳情請見《菁英媽媽想辭職？》的附錄）。我們在此概述了本書的研究方法，重點是第一波（原始樣本）和第二波（追蹤樣本）之間的差異。

被研究者

最初的樣本是五十四名女性，她們都曾從事專業或管理工作，也都結婚有了小孩，接受訪談時，她們皆已脫離工作而在家帶小孩。我們是透過滾雪球或推薦抽樣的方式找到這些人，主要倚靠四所菁英院校的校友網絡。我們在全美四個地區的七個大都市進行訪談——東北（受訪者最多的地方）、東南、中西部和遠西（Far West）地區。受訪女性過去的職業混合了典型男性為主的職業、性別融合或男女混合以及女性為主的職業。在年齡分佈上，我們則讓三十至四十歲的年輕女性（N＝24）和年長女性（N＝30）的人數大致相等。

任何追蹤研究的直接目標和主要挑戰是確保高回應率，也就是找到並且盡可能多訪問一些原始樣本。高回應率追求的更大目標是獲得一個和原先樣本特徵相符的追蹤樣本，或者至少沒有明顯偏差的樣本，假如第二波受訪者與第一波受訪者有所差異，就會產生偏差（所謂的無回應偏差）。為了提高追蹤訪談的回應率，有必要找到第一波受訪者，然後確保她們願意參與研究。

這次的追蹤研究距離第一次採訪已經過了大約十二年（一開始的採訪進行了好幾年），我們料想要找出受訪者並不容易。這的確不容易，但事實證明，這些女性的生活非常穩定，多數人仍住在同一個房子。那些搬走的人則比較難找到，但我們透過各種網路服務，如 White Pages 和 Spokeo 找人。一旦找到人，我們就再三與她們聯繫，如有必要的話，則請她們簽署參與同意書。最初，我們寄出了一系列信件和提醒的明信片。如果這些接觸方法毫無音訊，我們就直接打電話給她們，或者在少數情況下，如果我們手上掌握有效的郵件地址，就傳送電子郵件給她們。

除了一個人之外，我們找到所有女性原始樣本。對於那些我們握有聯絡地址和電話號碼的人（N=53），有六個人拒絕受訪、四個人未曾答覆。最後的追蹤樣本由原來五十四名女性中的四十三人組成，答覆率八〇％，這在一般的追蹤訪談中算是很高的，尤其是這兩次的訪談已經間隔很長一段時間。表1列出了每一位追蹤訪談女性的基本資料。

追蹤樣本（N＝43）與原始樣本（N＝54）在重要的人口統計學特徵上面極為相似，這也說明受訪者拒答的問題並未帶來任何重大的偏差。原始樣本的女性代表各種職業，包括醫生、律師、科學家、銀行家、管理顧問、行銷和非營利組織主管、編輯與老師。原始樣本大約有超過一半（五十四％）的人在選擇退出職場前，曾在男性主導有聲望的行業中工作，像是法律、商業、醫學、科學和工程，相較之下，追蹤樣本則是略低於一半（四十四％）。原始樣本中約有三分之一（三十七％），曾在男女混合或過渡領域中工作，如出版、公關、行銷和非營利組織的行政，而追蹤樣本中則有十三．五％。其餘的原始樣本（九％）曾在傳統上以女性為主的職業中工作，如教師，而在追蹤調查中有二十一％。因此，針對她們過去的職業，這兩組樣本相當相似，大多數女性曾在男性主導的職業工作，其次是男女混合和女性的職業。不論是哪一組樣本，女性在最初接受訪談時通常有兩個孩子。兩組的教育程度相當。最初受訪時大約有一半頂著高等教育學歷

（分別為五十二％和五十四％），其中MBA和法學博士最常見。由研究設計來看，原始樣本中大約有一半的女性是三十幾歲，一半是四十幾歲，年齡中位數是四十一歲；至於納入追蹤樣本的女性，第一次接受訪問時的年齡中位數是四十二歲。接受追蹤訪談的人，年齡中位數是五十四歲，年紀介於三十九歲到六十九歲之間。

訪談

執行細節

如同最初的研究，追蹤研究的資訊是由深度訪談蒐集而來，訪問通常是兩個小時，採生命史的研究取徑。最初研究和追蹤研究在資料蒐集方面有所不同，之所以改變，主要是成本和後勤考量。請注意，最初研究的訪談是由兩位作者史東（Pamela Stone）和拉芙蕎（Meg Lovejoy）面訪，但追蹤訪談時受限於成本，主要是由史東、拉芙蕎以及兩人指導和培訓的幾位經驗老道的研究生助理以電話採訪（只有少數是面訪）。兩個階段的訪談都是兩小時，並有錄音和完整的逐字稿。受訪者都得到保密的保證：也就是說，她們的真實身分只有我們兩個人或助理知道。這確保受訪者可以談論自己的工作經歷和家庭生活，而不必擔心遭到報復，也不用擔心自己講的話會影響到自己，或者讓她們感到尷尬。雖然我們沒有方法評估訪談方式的改變是否影響訪問結果，但我們判斷無論由誰來主持訪談還是執行的方式，都未影響到訪談的過程或蒐集資訊的品質。兩階段的受訪者都很放鬆、投入、坦率，我們做的訪談和學生的訪談並沒有明顯的差異。

關於訪談

第一波研究的訪談採取半結構化問卷，引出女性的工作和家庭史。為了達到研究目標，很重要的是用一種能夠突出女性經驗的方法，而不是強加一套既有的框架；生命歷程敘事是這麼做最自然的一種工具。訪談通常以一個常見的提示開始，要求受訪者描述大學畢業到決定辭職這段時間的工作和家庭軌跡。受訪者的敘述通常極為清晰、複雜且流暢，幾乎不需要採訪者的提示，假如有些話題並未自動浮現，每位參與者也都接受探詢去暢談某些重要主題。這些話題包括受訪者的工作滿意度、工作環境的特點，以及丈夫、孩子和其他家庭成員在她們決定是否返回工作的作用，也會請受訪者描述她們離職後的居家生活。

追蹤訪談也採用生命歷程的敘事方法，以最初的訪談時間做為起始參考點。我們從之前的研究提出一個創新之處，以工作和家庭歷史表格中的資訊做為訪談的補充，提供每一年的重點。我們請受訪者在訪談前完成這份表格，一方面喚起她們的記憶，同時提供關鍵事件的時間軸（例如孩子出生、重返工作崗位）。這些訪談特別關注女性決定返回（或不返回）工作崗位以及重新進入職場的過程，探究並瞭解影響這一決定的因素，以及對於那些正在工作的婦女來說，瞭解她們工作經驗的方方面面。

資料分析

兩個階段的訪談都有錄音、謄寫逐字稿及編碼。這裡我們討論追蹤訪談的分析，包含了幾個步驟，類似於我們在第一份研究使用的步驟（細節請看前一本著作《菁英媽媽想辭職？》）。首先，我們為每位受訪者寫一份故事摘要，通常由做訪談的人負責。接下來，我們反覆閱讀故事摘要和訪談逐字稿，以便根據女性的工作和家庭軌跡的時間軸和整體背景制定初步主題。第三步，我們使用ATLAS.ti（一種質性資料分析軟體）對訪談逐字稿進行系統性編碼，進一步發展及完善最初的編碼架構。最後一步則是透過對細化編碼（finer-grained codes）的分析，確定了一套更廣泛且前後一致的概念性主題和結構，並且對於返回職場的變化提出一套解釋。

呈現結果

按照質化研究的慣例，我們有時會以樣本的百分比和比例來表示研究結果。這些數字並不意味著統計學上的總體趨勢。反之，我們用數字來**解釋**選擇返回職場的變化，這可能超越我們的樣本而有著更廣泛的適用性（質性研究者稱為「分析性通則」〔analytic generalization〕）。[2]

除了受訪者的年齡、生幾個孩子、孩子的年齡、工作年限和其他客觀特徵以外，這裡介紹的姓名以及足以分辨的細節都做了調整以保護受訪者的身分。我們以許多方式對受訪者做「匿名」處理。一般而言，我們省略或改變細節和／或用泛泛之稱描述女性的特徵，藉此排除她們身分的辨識度。例如，所有的名字，無論是公司、居住地，還是孩子和丈夫的名字都有所變更，或者只用一般或大類來描述（例如，金融業）。同時，為了夠逼真也夠有衝擊力，我們不希望模糊受訪者的生活細節，以免她們被當作虛構的人物。因此，針對她們就讀的學校和居住的地方，我們使用真實的名字，但改成差不多的地方。例如畢業於哈佛大學商學院的女性可能改為畢業於沃頓商學院，或是反過來。至於她們讀哪一所大學，因為它不像專業文憑那樣明確，我們通常使用一般的描述：例如，哈佛大學會描述為常春藤盟校，而密西根大學或北卡羅來納大學則是公立常春藤大學（也就是嚴格篩選學生的公立學校）。

姓名	年齡	學歷	之前的工作	目前的工作	離開職場幾年	最小的孩子幾歲	丈夫的工作
Jessica Beckman	47	MBA	行銷主管	行銷顧問	9	14	行銷主管
Joan Gilbert	45	文學士	非營利組織內勤	未上班	9	11	國防承包商 ***
Karen Gordon	40	MS	工程師	工程顧問	2	4**	工程師
Kate Hadley	48	MBA	行銷主管	管理顧問	7	10	對沖基金經理 ***
Kristin Quinn	47	教育碩士 *	教師	教師	4	16	審計人員
Lauren Quattrone	55	法學博士	律師	非營利組織的募款人	20	19	律師
Leah Evans	57	公衛碩士	健康照護主管	兼任教授	4	24	已退休 ***
Lily Townsend	51	法學博士	律師	辦公室內勤	12	16	離婚 ***
Lisa Bernard	63	公衛碩士	健康照護主管	未上班	13	25	教授和學術行政人員 ***
Maeve Turner	65	法學博士	律師	未上班	24	19	律師
Marina Isherwood	58	MBA	健康照護主管	健康照護顧問	11	22	醫生
Martha Haas	42	文學士	教育募款人	教育募款人	12	7**	教授
Meg Romano	51	文學士	交易員	教育募款人	9	15	理財專員
Melanie Irwin	59	中學	行銷主管	小老闆	18	24	離婚 ***
Melissa Wyatt	41	文學士	非營利組織內勤	未上班	12	10	創投

表1　追蹤研究受訪者一覽表（根據英文姓名字母排序）

姓名	年齡	學歷	之前的工作	目前的工作	離開職場幾年	最小的孩子幾歲	丈夫的工作
Amanda Taylor	51	博士*	銀行主管	研究科學家	10	24	已退休***
Bettina Mason	53	法學博士	律師	未上班	19	22	律師
Blair Riley	69	法學博士	律師	律師	9	25	設計師
Brenda Dodd	62	理學士	醫療技術員	牙科助理	15	25	醫生
Brooke Coakley	60	MBA	健康照護主管	健康照護顧問	5	20	銷售主管***
Christine Thomas	53	文學士	行銷主管	行銷顧問	1	18	銷售主管
Claire Lott	61	MBA	電信公司主管	接案語言教師	9	16	執行教練***
Denise Hortas	57	博士	藥廠主管	藥廠主管	1	23	私人執業律師
Diane Childs	54	註冊會計師	非營利組織主管	接案會計師	1	16	房地產開發商
Donna Haley	57	法學博士	律師	律師	4	23	已退休***
Elizabeth Brand	47	MBA	管理顧問	未上班	9	4**	企業主管
Emily Mitchell	48	文學士	客服主管	小老闆	18	21	會計師
Felice Stewart	60	文學士	教師	教師	10	19	工程師
Frances Ingalls	53	文學士	教師	辦公室經理	21	23	商品交易員
Helena Norton	51	MPA	教育行政人員	教育行政人員	12	15	對沖基金經理***

姓名	年齡	學歷	之前的工作	目前的工作	離開職場幾年	最小的孩子幾歲	丈夫的工作
Mirra Lopez	44	醫學博士	工程師	未上班	12	10	工程師
Nan Driscoll	59	教育碩士*	編輯	教師助理	18	16	律師
Naomi Osborn	66	MBA	投資銀行家	未上班	17	29	投資銀行家
Nathalie Everett	51	教育碩士*	行銷主管	出版商業務	6	11**	承包商和改造人員***
Olivia Pastore	54	法學博士	律師	生涯諮詢主管	1	22	律師
Patricia Lambert	56	MBA	行銷主管	未上班	18	22	投資銀行家
Rachel Berman	56	MBA	交易員	未上班	21	18	投資銀行家
Sarah Bernheim	39	文學士	行銷主管	未上班	11	3**	軟體工程師
Tess Waverly	53	副學士	醫療產品經理	病人照顧助理	13	17	老闆***
Theresa Land	69	文學士	資訊工程師	未上班	23	26	已退休***
Trudy West	58	理學士	資訊工程師	圖書館助理	12	21	已故***
Vita Cornwall	57	MBA	非營利組織主管	未上班	22	21	企業家***
Wendy Friedman	53	文學士	編輯	接案編輯	1	18	建築師

注：這些都是化名。表格中的資訊都來自於追蹤訪談，除了過去的工作，那是我們第一次訪問時詢問她們退出勞動力市場前的最後一份工作。
*針對教育部分，目前的學歷有*表示與最初訪談時不一樣（即受訪者後來獲得的學位）
**最小的孩子多大，孩子是在第一次採訪後出生
***丈夫的職業和初次面談時不一樣

8 Bergmann (1974).

9 Stone and Kuperberg (2006).

10 Haas and Hwang (2008).

11 Patnaik (2017); Arnalds, Eydal, and Gíslason (2013).

12 Slaughter (2015).

13 Vagianos (2017).

14 Gaudiano (2017).

15 Bateson (1989).

16 Ryzik (2018).

附錄　研究方法

1 Stone (2007a).

2 Yin (2003).

第六章　整體圖像

1 為了取得每一種職業在性別組成、收入以及聲望的全國資料，我們把女性的職稱（行業所必須給予的頭銜）對應到美國標準職業分類（Standard Occupational Classification）裡頭超過四百種詳細的職稱。

2 Kalleberg (2011).

3 我們在這一章所引用的各種數據還有比例來描述樣本內部的情況。這無法推論到更大的樣本，而僅僅是為了描述樣本的大致情況。

4 Wikipedia, "Occupational Prestige," last modified January 2017, accessed 2018, https://en.wikipedia.org/wiki/Occupational_prestige.

5 England (1979); Bose and Rossi (1983); J. Fox and Suschnigg (1989).

6 England (1979).

7 由於「臨時」是特定工作的特色，而不是整個職業的情況，有些轉換跑道的女性，例如換工作，也會在她們新的領域做點臨時工作。以克萊兒（Claire Lott）來說，她離開電信業行銷的全職工作成為教西班牙文的兼任老師。

8 雖然這裡並未列出，幾乎是所有第一次重返職場的女性都是做臨時工，正如我們在前一章所見，這是重啟職涯過程中，家庭優先階段很重要的重返工作策略。

9 Pipher (1994).

第七章　特權的矛盾與展望未來

1 Clawson and Gerstel (2014).

2 請見McGinn, Castro, and Lingo (2018)，他們也對於這類研究做了很全面的整理。

3 比方說，請見Stromberg (2017) 提出的結論。

4 Cohen and Rabin (2007).

5 Cohen (2012).

6 Schwartz and Mare (2005).

7 Lyness et al. (2012).

4 禮賓式育兒（密集育兒的另一種變形）這個現象最初出自Julie Lythcott-Haims（2015）的作品*How to Raise an Adult: Break Free of the Overparenting Trap and Prepare Your Kid for Success*，再受到社會學家Hamilton, Roksa, and Nielsen (2018)等人的進一步闡釋，認為這是富裕家庭普遍的現象，他們會提供自己念大學的小孩滿滿的「學術、社會及職涯的支持，並且取得專屬的大學設施」，他們認為這是大學生複製階級不平等的型態。

第五章　追尋與再造

1 Lovejoy and Stone (2012); McGrath et al. (2005); Tomlinson (2005).
2 Schneer and Reitman (1990, 1997).
3 Hewlett and Luce (2005).
4 Cabrera (2007, 2009); Fehring and Herring (2012); Herman (2015); Hewlett and Luce (2005); Hewlett et al. (2010); McGrath et al. (2005); McKie, Biese, and Jyrkinen (2013); Shaw, Taylor, and Harris (2000).
5 Tronto (1993); Ruddick (1990).
6 Jung (1971); McAdams (2001); Erikson (1964).
7 Freedman (2006); Schaefers (2012).
8 請見Mainiero and Sullivan (2005, 2006)。O'Neil and Bilimoria (2005)的研究也在女性職涯軌跡發現三個與年齡相關的階段。
9 Catherine Bateson的作品*Composing a Life*（1989）也點出類似的主題，她觀察到女性的生命軌跡因為照顧家人的責任而更加臨時、曲折以及隨意。
10「離開的門檻很低」是史丹佛大學電腦科學系的退休教授Bruce Roberts和我通信時所提出的說法。
11 這個用法改自「生命歷程創新」（life course innovation）這個概念，是指採取新的生命歷程模式與角色，已經預示該種生活方式的制度化（Giele1998; Kohli 1986）。

7 Bertrand, Goldin, and Katz (2010); Grant-Vallone and Ensher (2011); Fehringand Herring (2012); Hewlett and Luce (2005); Hewlett et al. (2010); McKie, Biese, and Jyrkinen (2013).

8 Grant-Vallone and Ensher (2011).

9 Seligson (2008); K. Wallace (2013); Chaker and Stout (2004) .

10 Schulte(2014); Hannon (2013); Light(2013); O'Kelly(2013); K. Wallace (2013); Schulte (2011); Chaker and Stout (2004).

11 Zolfagharifard (2016).

12「勞動後備軍」(the reserve army of labor)是馬克思提出的概念，指的是資本主義社會中隨著資本支配可以輕易聘用再解僱的失業及低度就業工人(Karl Marx 2000)。

13 Cabrera (2007); Herman (2015); Hewlett et al. (2010, 11); McGrath et al. (2005).

14 有一份備受推崇的貫時性研究發現 (Katz and Krueger 2016) ，2005到2015的十年間，從事臨時工作(如美國勞動統計局的定義)的工人比例，由10%升到16%。

15 Carré and Tilly (1998); Kalleberg (2011).

16 Bateson (1989); Cabrera (2013, 2009); Hewlett and Luce (2005); Hewlett et al.(2010); Mainiero and Sullivan (2005); McKie, Biese, and Jyrkinen (2013).

17 Hewlett et al. (2010, 11).

第四章　職業生涯重啟

1 十八個未曾重啟職涯的女性中，有九個在接受追蹤訪談時依然處於「家庭優先」階段，另外九個則是從未回到勞動力市場。

2 社會主義女權派說女性是資本主義經濟「勞動後備軍」的概念(Bruegel 1979; Simeral 1978)，乃是套用到妻子在新傳統家庭中的角色，妻子的勞動被認為是一種方便但僅在財務困難時短暫需要的預備。

3 針對「男性蕭條」請見：Thompson (2009)。

15 這項洞見有一部分從Aida Hurtado (1989) 針對性別依附的種族差異所做的交叉性（intersectional）分析得到啟發，請見：Relating to Privilege: Seduction and Rejection in the Subordination of White Women and Women of Color. Aida Hurtado提出不同膚色的女性因種族所帶來的性別依附，經常是透過吸引（seduction）過程運行，亦即和白人男性的姻親或血親讓她們取得種族或階級特權，只要她們繼續當個依附的女人。因此，白人女性是透過吸引而依附，而有色人種女性則是透過拒絕（rejection）而依附。

第三章　家庭優先

1 Belkin (2003) 的文章就是媒體如何刻畫選擇退出職場的典型案例，請見Kuperberg and Stone (2008) 對於媒體描述的學術分析。

2 請見Chaker and Stout (2004); Hannon (2013); Light (2013); O'Kelly (2013); Schulte (2011); Schulte (2014); and K. Wallace (2013).

3 Sylvia Ann Hewlett 等人(Hewlett and Luce 2005; Hewlett et al. 2010) 針對高學歷女性（年齡介於28到55）的離開與重返職場型態做了兩次全國調查。兩次研究都發現，絕大多數有小孩的女性職涯中斷之後，最終都試著重返職場，2004年是93%，2009年是89%，其中有四分之三的人最終都成功回到職場。

4 Hewlett and associates (Hewlett and Luce 2005; Hewlett et al. 2010); McGrath et al. (2005).

5 零工經濟這個俗語有各種不同的定義，但普遍的定義都說零工經濟是一種非標準的工作安排，缺乏長期的聘僱合約，例如臨時工 (Bracha and Burke 2016)。根據勞工統計局（the Bureau of Labor Statistics）(DiNatale and Boraas 2002)，臨時工指的是明白或暗示說工作本質上就是短期的。美國勞工統計局將臨時工分成四類：獨立約聘工（independent contractor）、隨叫隨到工人（on-call workers）、短期人力派遣工人（temporary help agency workers）以及外包公司工人（contract company workers）。

6 Kalleberg (2011).

12 Herr and Wolfram (2012).
13 Fox and Quinn (2015).
14 Cha (2013, 177).
15 Shafer (2011).
16 Cha (2010).

第二章　家務特權的警笛聲

1 這段待在家裡的時間，並不包括兩段兼差且時間很短的工作，她做做停停是想要努力測試自己是否真的想要完全重返職場。如同我們在下一章所見，這種短暫且臨時進入勞動力，是女性完全重啟之前常見的型態。
2 Stone (2007a).
3 Walzer (2010).
4 Pyke (1996).
5 See Jacobs and Gerson (1998); Williams (1999).
6 根據Cha and Weeden (2014)，其他造成加班文化以及薪資獎勵出現的宏觀結構因素，包括去工業化、全球化以及勞動市場分化（高薪核心員工超時工作，兼職或臨時職位的約聘人員則領著較低的薪資）。他們也發現超時工作日益盛行（一週工作五十小時以上）以及加班的時薪提高，造成男女時薪差距遲遲無法縮小。比起女性，扛起家計的男性較能超時上班，也較有機會利用加班節節高升的報酬。
7 Hays (1996).
8 Lareau (2003).
9 Lareau (2003).
10 J. Wallace (2014).
11 Lareau (2003).
12 Parker and Wang (2013).
13 Cooper (2014); Lareau (2003); Vincent and Ball (2007).
14 Cooper (2014, 107).

38 Stone (2007b, 19).

39 Cooper (2014); Pugh (2015).

第一章　前程似錦

1 這些背景描述有一部分在我們第一本書已經寫到 (Stone 2007a)。

2 許多探討美國社會流動的文獻揭示，個人的出身背景（特別是家長的教育程度及收入），深深影響一個人的社會地位。家庭的地位傳遞是直接或是間接透過它對於教育成就來發揮影響力。請見經典作品《美國職業的結構》（*The American Occupational Structure*）(Blau and Duncan 1967)。還有另外一些文獻記錄家庭財富對於小孩成年之後的財富、流動以及學歷長久的優勢。請見《有毒的不平等》（*Toxic Inequality*）(Shapiro 2017, 26–27) 對於此類研究的整理。

3 這裡的整理是根據前一份研究，細節請見Stone (2007a)。

4 Damaske (2011).

5 針對工作時間的歷史回顧，請見：Schor (1991) and Cha and Weeden (2014)。

6 Clawson and Gerstel's (2014) 對於醫療業工作的研究點出這一行在時間規範上的高壓，醫師的工時往往比助手多上許多，直接對家庭的影響就是醫生要比緊急救護人員（EMT workers）更傾向傳統家庭：太太更多是家庭主婦，還有家務勞動分工的高度性別不平等。Blair-Loy's (2003) 對於財務主管的研究清楚顯示，這些以上班時間為本的工作在物質表徵上，有著很強的文化意義，展現出特別強大的控制力。

7 Stone and Hernandez (2013).

8 雖然選擇退出職場（opting out）一詞最初是Lisa Belkin在2003年提出，Zimmerman及Clark最近的文獻回顧點出（2016, 603-4），關於此問題的研究「在不同的學科領域中明顯增加。

9 Bertrand, Goldin, and Katz (2010).

10 Hewlett and Luce (2005).

11 Metz (2011).

是針對至少工作一年以上的工人計算十五年的總收入，差距就會更大。根據女性政策研究所（Institute for Women's Policy Research）的報告 (Rose and Hartmann 2018)，女性在2015年的收入只有男性的49%，也就是不到一半，薪資差距是51%。同一份研究也發現脫離職場對於薪資的懲罰也隨著時間增加。2001年之前，女性離開職場一年的收入會比一直留在職場的女性少12%，對於薪資的懲罰在2001年之後擴大到39%。

18 Goldin (2014).

19 Goldin (2014).

20 Goldin and Katz (2008).

21 Goldin (2014, 1106).

22 Buchmann and McDaniel (2016).

23 England et al. (2016).

24 Cha and Weeden (2014).

25 Belkin (2003).

26 Martin (2015); Wolitzer (2008).

27 Miller (2015).

28 Ely, Stone, and Ammerman (2014)。另一份針對菁英商學院畢業生的研究顯示，女性在處理前途與小孩的難題時，乾脆直接放棄小孩：2012年只有42%的畢業生打算生小孩，而1992年的數據是78% (Friedman 2013)。

29 Rivera and Tilcsik (2016).

30 Rivera and Tilcsik (2016, 1097).

31 Hersch (2013).

32 Kuperberg and Stone (2008); Hersch (2013); Williams and Boushey (2010).

33 Landivar (2017).

34 Williams and Boushey (2010).

35 Hersch (2013).

36 Amott and Matthaei (1996); Landivar (2017).

37 Kossek, Su, and Wu (2017).

注釋

導論

1 Belkin (2003).

2 Stone and Lovejoy (2004); Stone (2007a, 2007b); Boushey (2005, 2008).

3 Cohen and Rabin (2007); Shellenbarger (2004).

4 我們在「選擇退出職場」加上引號，是因為我們對這個傳達女性退出職場與勞動力故事的說法，感到懷疑。請參考Stone (2007a)對於此觀點的闡述。為了閱讀之便，本書其他部分針對這個詞與相關用法都不再加引號，但我們依然對此表示懷疑。

5 Ely, Stone, and Ammerman (2014).

6 Stone (2007a, 2007b).

7 Steiner (2007); Cohen and Rabin (2007).

8 Hirshman (2006); Bennetts (2007).

9 Weisshaar (2018).

10 Hewlett and Luce (2005); McGrath et al. (2005); Shaw, Taylor, and Harris (1999).

11 Hewlett and Luce (2005); Cabrera (2009); Herman (2015); Evertsson, Grunow, and Aisenbrey (2016).

12 Chao and Rones (2007).

13 Malkiel (2016).

14 Sandberg (2013); Slaughter (2015)

15 Statistics compiled from AAMC (2016); ABA (2017); Catalyst (2018); Warner (2014).

16 Hess et al. (2015).

17 Goldin (2014, 1095)。假如我們採取一種更細微（許多人會說更貼近現實）的測量方式來計算薪資差距，也就是不只看一年的收入，而

Style. www.wsj.com/articles/should-children-be-held-back-for-kindergarten-1410536168. Thallace, Kelly. 2013. "Moms 'Opting In' to Thork Find Doors Shut." CNN, August 13. www.cnn.com/2013/08/13/living/parents-mothers-opt-to-work/index.html.

Walzer, Susan. 2010. *Thinking about the Baby: Gender and Transitions into Parenthood*. Philadelphia: Temple University Press.

Warner, Judith. 2014. "The Women's Leadership Gap: Women's Leadership by the Numbers." Center for American Progress fact sheet, 1–7. https://www.americanprogress.org/issues/women/reports/2014/03/07/85457/fact-sheet- the-womens-leadership-gap.

Weisshaar, Katherine. 2018. "From Opt Out to Blocked Out: The Challenges for Labor Market Re-entry after Family-Related Employment Lapses." *American Sociological Review* 83 (1): 34–60.

Wikipedia. 2017. "Occupational Prestige." Last modified January 2017. Accessed 2018. https://en.wikipedia.org/w/index.php?title=Occupational_prestige& oldid=759663304.

Williams, Joan C. 1999. *Unbending Gender: Why Family and Work Conflict and What to Do about It*. New York: Oxford University Press, USA.

Williams, Joan C., and Heather Boushey. 2010. "The Three Faces of Work-Family Conflict." Center for American Progress, January 25. https://www.americanprogress.org/issues/economy/reports/2010/01/25/7194/the-three-faces-of-work-family-conflict/.

Wolitzer, Meg. 2008. *The Ten-Year Nap*. New York: Riverhead Books.

Yin, Robert. 2003. *Case Study Research*. 3rd ed. Thousand Oaks, CA: Sage.

Zimmerman, Lauren M., and Malissa A. Clark. 2016. "Opting-Out and Opting-In: A Review and Agenda for Future Research." *Career Development International* 21 (6): 603–33.

Zolfagharifard, Ellie. 2016. "Should Women Explain Gaps in Their Resume after Raising a Family?" *Daily Mail*, May 20. www.dailymail.co.uk/sciencetech/article-3601630/Should-women-explain-gaps-resume-raising- family-Controversial-study-says-honest-help-land-job.html.

Stone, Pamela. 2007b. "The Rhetoric and Reality of 'Opting Out.'" *Contexts* 6 (4): 14–19.

Stone, Pamela, and Lisa Ackerly Hernandez. 2013. "The All-or-Nothing Workplace: Flexibility Stigma and 'Opting Out' among Professional-Managerial Women." *Journal of Social Issues* 69 (2): 235–56.

Stone, Pamela, and Arielle Kuperberg. 2006. "Anti-discrimination vs. Anti-poverty? A Comparison of Pay Equity and Living Wage Reforms." *Journal of Women, Politics and Policy* 27 (3–4): 23–39. https://doi.org/10.1300/J501v27n03_03.

Stone, Pamela, and Meg Lovejoy. 2004. "Fast-Track Women and the 'Choice' to Stay Home." *Annals of the American Academy of Political and Social Science* 596(1): 62–83.

Stromberg, Lisen. 2017. *Work Pause Thrive*. Dallas, TX: BenBella Books.

Thompson, Derek. 2009. "It's Not Just a Recession. It's a Mancession!" *Atlantic*, July 9. https://www.theatlantic.com/business/archive/2009/07/its-not-just- a-recession-its-a-mancession/20991/.

Tomlinson, J. 2005. "Examining the Potential for Women Returners to Work in Areas of High Occupational Gender Segregation." Final Report to the Department for Trade and Industry, London, October. https://www.escholar.manchester.ac.uk/uk-ac-man-scw:75229.

Tronto, Joan C. 1993. *Moral Boundaries: A Political Argument for an Ethic of Care*. New York: Psychology Press.

Vagianos, Alanna. 2017. "The 'Me Too' Campaign Thas Created by a Black Woman 10 Years Ago." *Huffington Post*, October 17. https://www.huffingtonpost.com/entry/the-me-too-campaign-was-created-by-a-black-woman-10-years- ago_us_59e61a7fe4b02a215b336fee.

Vincent, Carol, and Stephen J. Ball. 2007. "'Making Up' the Middle-Class Child: Families, Activities and Class Dispositions." *Sociology* 41 (6): 1061–77. https://doi.org/10.1177/0038038507082315.

Wallace, Jennifer Breheny. 2014. "Should Children Be Held Back for Kindergarten?" *Wall Street Journal*, September 12, sec. Life and workplace/2011/05/05/AFMTqOLG_story.html.

Schulte, Brigid. 2014. "Programs to Help Women Relaunch Careers Plum- meted during Recession." *Washington Post*, October 17. www.washingtonpost.com/news/local/wp/2014/10/17/back-to-work-women-whove-opted-out-face- stigma-struggle-to-get-back-in/.

Schwartz, Christine R., and Robert D. Mare. 2005. "Trends in Educational Assortative Marriage from 1940 to 2003." *Demography* 42 (4): 621–46. https:// doi.org/10.1353/dem.2005.0036.

Seligson, Hannah. 2008. "Off Ramp to On Ramp: It Can Be a Hard Journey." *New York Times*, December 7.

Shafer, Emily Fitzgibbons. 2011. "Wives' Relative Wages, Husbands' Paid Work Hours, and Wives' Labor-Force Exit." *Journal of Marriage and Family* 73 (1): 250–63.

Shapiro, Thomas M. 2017. *Toxic Inequality: How America's Wealth Gap Destroys Mobility, Deepens the Racial Divide, and Threatens Our Future*. New York: Basic Books.

Shaw, Sue, Mary Taylor, and Irene Harris. 1999. "Jobs for the Girls: A Study of the Careers of Professional Women Returners Following Participation in a European Funded Updating Programme." *International Journal of Manpower* 20 (3/4): 179–89.

Shellenbarger, Sue. 2004. "A Bellwether Working Mom Returns to the Office." *Wall Street Journal*, May 4. www.wsj.com/articles/SB108362148104000689.

Simeral, Margaret H. 1978. "Women and the Reserve Army of Labor." *Insurgent Sociologist* 8 (2–3): 164–79. https://doi.org/10.1177/089692057800800217.

Slaughter, Anne-Marie. 2015. *Unfinished Business: Women, Men, Work, Family*. New York: Random House.

Steiner, Leslie. 2007. "Back in Business." *More Magazine*, June 2007.

Stone, Pamela. 2007a. *Opting Out? Why Women Really Quit Careers and Head Home*. Berkeley: University of California Press.

Pyke, Karen D. 1996. "Class-Based Masculinities: The Interdependence of Gender, Class, and Interpersonal Power." *Gender and Society* 10 (5): 527–49.

Rivera, Lauren A., and András Tilcsik. 2016. "Class Advantage, Commitment Penalty: The Gendered Effect of Social Class Signals in an Elite Labor Market." *American Sociological Review* 81 (6): 1097–131.

Rose, Stephen J., and Heidi Hartmann. 2018. *Still a Man's Labor Market: The Slowly Narrowing Gender Wage Gap*. Washington, DC: Institute for Women's Policy Research.

Ruddick, Sara. 1990. *Maternal Thinking: Toward a Politics of Peace*. New York: Ballantine.

Ryzik, Melena. 2018. "Curator Says MoMA PS1 Wanted Her, Until She Had a Baby." *New York Times*, July 9. https://www.nytimes.com/2018/07/06/arts/design/moma-ps1-discrimination-suit-baby.html.

Sandberg, Sheryl. 2013. *Lean In: Women, Work, and the Will to Lead*. New York: Alfred A. Knopf.

Schaefers, Kathleen Galvin. 2012. "Working for Good: The Encore Career Movement." *Career Planning and Adult Development Journal* (San Jose) 28 (2): 84–95.

Schneer, Joy, and Frieda Reitman. 1990. "Effects of Employment Gaps on the Careers of M.B.A.'s: More Damaging for Men than for Women?" *Academy of Management Journal* 33 (2): 391–406. https://doi.org/10.2307/256330.

Schneer, Joy, and Frieda Reitman. 1997. "The Interrupted Managerial Career Path: A Longitudinal Study of MBAs." *Journal of Vocational Behavior* 51: 411–34.

Schor, Juliet. 1991. *The Overworked American: The Unexpected Decline of Leisure*. New York: Basic Books.

Schulte, Brigid. 2011. "Movement to Keep Moms Working Is Remaking the Workplace." *Washington Post*, May 5. https://www.washingtonpost.com/local/movement-to-keep-moms-working-is-remaking-the-

Now!': The Temporal and Spatial Dynamics of Women Opting In to Self-Employment." *Gender, Work and Organization* 20 (2): 184–96. https://doi.org/10.1111/gwao.12019.

McKinsey and Company. 2017. "Women in Law Firms." Featured Insights, October. https://www.mckinsey.com/~/media/mckinsey/featured%20insights/gender%20equality/women%20in%20law%20firms/women-in-law- firms-final-103017.ashx.

Metz, Isabel. 2011. "Women Leave Work Because of Family Responsibilities: Fact or Fiction?" *Asia Pacific Journal of Human Resources* 49 (3): 285–307.

Miller, Claire. 2015. "More Than Their Mothers, Young Women Plan Career Pauses." *New York Times*, July 22. https://www.nytimes.com/2015/07/23/upshot/more-than-their-mothers-young-women-plan-career-pauses.html.

O'Kelly, Allison. 2013. "Off-Ramping? Not So Fast." *Huffington Post*, May 30. www.huffingtonpost.com/allison-okelly/offramping-not-so-fast_b_3353820.html.

O'Neil, Deborah, and Diana Bilimoria. 2005. "Women's Career Development Phases: Idealism, Endurance, and Reinvention." *Career Development International* 10 (3): 162–88.

Parker, Kim, and Wendy Wang. 2013. "Modern Parenthood." *Pew Research Center's Social and Demographic Trends Project* (blog), March 14. www.pewsocialtrends.org/2013/03/14/modern-parenthood-roles-of-moms-and-dads-converge-as- they-balance-work-and-family/.

Patnaik, Ankita. 2017. "Reserving Time for Daddy: The Consequences of Fathers' Quotas." SSRN Scholarly Paper ID 2475970. Rochester, NY: Social Science Research Network. https://papers.ssrn.com/abstract=2475970.

Pipher, Mary Bray. 1994. *Reviving Ophelia: Saving the Selves of Adolescent Girls*. New York: Putnam.

Pugh, Allison J. 2015. *The Tumbleweed Society: Working and Caring in an Age of Insecurity*. New York: Oxford University Press.

49.

Lythcott-Haims, Julie. 2015. *How to Raise an Adult: Break Free of the Overparenting Trap and Prepare Your Kid for Success*. San Francisco: iDream Books.

Mainiero, Lisa A., and Sherry E. Sullivan. 2005. "Kaleidoscope Careers: An Alternate Explanation for the 'Opt-Out' Revolution." *Academy of Management Executive* 19 (1): 106–23. https://doi.org/10.5465/AME.2005.15841962.

Mainiero, Lisa A., and Sherry E. Sullivan. 2006. *The Opt-Out Revolt: Why People Are Leaving Companies to Create Kaleidoscope Careers*. Mountain View, CA: Davies-Black.

Malkiel, Nancy Weiss. 2016. *"Keep the Damned Women Out": The Struggle for Coeducation*. Princeton, NJ: Princeton University Press.

Martin, Wednesday. 2015. *Primates of Park Avenue: A Memoir*. New York: Simon and Schuster.

Marx, Karl. 2000. *Capital*. Vol. 1. London: Electric Book Company. http://ebookcentral.proquest.com/lib/brandeis-ebooks/detail.action?docID=3008518.

McAdams, Douglas. 2001. "Generativity in Midlife." In *Handbook of Midlife Development*, edited by Margie E. Lachman, 395–443. New York: John Wiley and Sons.

McGinn, Kathleen L., Mayra Ruiz Castro, and Elizabeth Long Lingo. 2018. "Learning from Mum: Cross-national Evidence Linking Maternal Employment and Adult Children's Outcomes." *Work, Employment and Society*, published online April 30. https://doi.org/10.1177/0950017018760167.

McGrath, Monica, Marla Driscoll, Mary Gross, Penny Bamber, and Kerriann Axt. 2005. "Back in the Game: Returning to Business after a Hiatus." Philadelphia: Wharton Center for Leadership and Change. http://citeseerx.ist.psu.edu/viewdoc/summary?doi=10.1.1.214.53.

McKie, Linda, Ingrid Biese, and Marjut Jyrkinen. 2013. "'The Best Time Is

Kalleberg, Arne L. 2011. *Good Jobs and Bad Jobs: The Rise of Precarious and Polarized Employment Systems in the United States, 1970s to 2000s*. New York: Russell Sage Foundation.

Katz, Lawrence, and Alan Krueger. 2016. "The Rise and Nature of Alternative Work Arrangements in the United States, 1995–2015." National Bureau of Economic Research, Working Paper 22667, September. https://doi.org/10.3386/w22667.

Kohli, Martin. 1986. "The World The Forgot: A Historical Review of the Life Course." *In Later Life: The Social Psychology of Aging*, edited by V. Th. Marshall, 271–303. Beverly Hills, CA: Sage Publications.

Kossek, Ellen Ernst, Rong Su, and Lusi Thu. 2017. "'Opting Out' or 'Pushed Out'? Integrating Perspectives on Women's Career Equality for Gender Inclusion and Interventions." *Journal of Management* 43 (1): 228–54. https:// doi.org/10.1177/0149206316671582.

Kuperberg, Arielle, and Pamela Stone. 2008. "The Media Depiction of Women Who Opt Out." *Gender and Society* 22 (4): 497–517. https://doi.org/10.1177/0891243208319767.

Landivar, Liana Christin. 2017. *Mothers at Work: Who Opts Out?* Boulder, CO: Lynne Rienner.

Lareau, Annette. 2003. *Unequal Childhoods: Class, Race, and Family Life*. Berkeley: University of California Press.

Light, Paulette. 2013. "Why 43% of Women with Children Leave Their Jobs, and How to Get Them Back." *Atlantic*, April 19. www.theatlantic.com/sexes/archive/2013/04/why-43-of-women-with-children-leave-their-jobs-and- how-to-get-them-back/275134/.

Lovejoy, Meg, and Pamela Stone. 2012. "Opting Back In: The Influence of Time at Home on Professional Women's Career Redirection after Opting Out." *Gender, Work and Organization* 19 (6): 631–53.

Lyness, Karen S., Janet C. Gornick, Pamela Stone, and Angela R. Grotto. 2012. "It's All about Control: Worker Control over Schedule and Hours in Cross- national Context." *American Sociological Review* 77 (6): 1023–

Hays, Sharon. 1996. *The Cultural Contradictions of Motherhood*. New Haven, CT: Yale University Press.

Herman, Clem. 2015. "Rebooting and Rerouting: Women's Articulations of Frayed Careers in Science, Engineering and Technology Professions." *Gender, Work and Organization* 22 (4): 324–38. https://doi.org/10.1111/gwao.12088.

Herr, Jane Leber, and Catherine D. Wolfram. 2012. "Work Environment and Opt-Out Rates at Motherhood across High-Education Career Paths." *ILR Review* 65 (4): 928–50.

Hersch, Joni. 2013. "Opting Out among Women with Elite Education." *Review of Economics of the Household* 11 (4): 469–506. https://doi.org/10.1007/s11150-013-9199-4.

Hess, Cynthia, Jessica Milli, Ariane Hegewisch, Stephanie Román, Julie Anderson, and Justine Augeri. 2015. "The Status of Women in the States: 2015." Institute for Women's Policy Research. https://iwpr.org/publication/the-status-of-women-in-the-states-2015-full-report/.

Hewlett, Sylvia Ann, Diana Forster, Laura Sherbin, Peggy Shiller, and Karen Sumberg. 2010. *Off-Ramps and On-Ramps Revisited*. New York: Center for Work-Life Policy.

Hewlett, Sylvia Ann, and Carolyn Buck Luce. 2005. "Off-Ramps and On-Ramps: Keeping Talented Women on the Road to Success." *Harvard Business Review*, March 1. https://hbr.org/2005/03/off-ramps-and-on-ramps- keeping-talented-women-on-the-road-to-success.

Hirshman, Linda R. 2006. *Get to Work: A Manifesto for Women of the World*. New York: Viking.

Hurtado, Aída. 1989. "Relating to Privilege: Seduction and Rejection in the Subordination of White Women and Women of Color." *Signs* 14 (4): 833–55.

Jacobs, Jerry A., and Kathleen Gerson. 1998. "Who Are the Overworked Americans?" *Review of Social Economy* 56 (4): 442–59.

Jung, Carl. 1971. *The Portable Jung*. New York: Viking Press.

cisco) 30 (4): 43–46.

Friedman, Stewart. 2013. *Baby Bust: New Choices for Men and Women in Work and Family*. New York: Wharton Digital Press.

Gaudiano, Nicole. 2017. "'Me Too' Movement Fuels Equal Rights Amendment Push." *USA Today*, November 18. https://www.usatoday.com/story/news/politics/2017/11/18/me-too-movement-renews-equal-rights-amendment- push/875903001/.

Giele, Janet Z. 1998. "Innovation in the Typical Life Course." In *Methods of Life Course Research: Qualitative and Quantitative Approaches*, 231–63. Thousand Oaks, CA: Sage Publications.

Goldin, Claudia. 2014. "A Grand Gender Convergence: Its Last Chapter." *American Economic Review* 104 (4): 1091–119. https://doi.org/10.1257/aer.104.4.1091.

Goldin, Claudia, and Lawrence F. Katz. 2008. "Transitions: Career and Family Life Cycles of the Educational Elite." *American Economic Review* 98 (2): 363–69. https://doi.org/10.1257/aer.98.2.363.

Grant-Vallone, Elisa J., and Ellen A. Ensher. 2011. "Opting in Between: Strategies Used by Professional Women with Children to Balance Work and Family." *Journal of Career Development* 38 (4): 331–48. https://doi.org/10.117/0894845310372219.

Haas, Linda, and C. Philip Hwang. 2008. "The Impact of Taking Parental Leave on Fathers' Participation in Childcare and Relationships with Children: Lessons from Sweden." *Community, Work and Family* 11 (1): 85–104.

Hamilton, Laura, Josipa Roksa, and Kelly Nielsen. 2018. "Providing a 'Leg Up': Parental Involvement and Opportunity Hoarding in College." *Sociology of Education* 91 (2): 111–31. https://doi.org/10.1177/0038040718759557.

Hannon, Kerry. 2013. "7 Ways Women Can Opt Back into the Workforce." Forbes, August 14. www.forbes.com/sites/nextavenue/2013/08/14/how-opt- out-women-can-opt-back-into-jobs/.

Damaske, Sarah. 2011. *For the Family? How Class and Gender Shape Women's Work*. New York: Oxford University Press.

DiNatale, Marisa, and Stephanie Boraas. 2002. "The Labor Force Experience of Women from 'Generation X.'" Bureau of Labor Statistics, March. www.bls.gov/opub/mlr/2002/03/art1full.pdf.

Ely, Robin J., Pamela Stone, and Colleen Ammerman. 2014. "Rethink What You 'Know' about High-Achieving Women." *Harvard Business Review*, December 1. https://hbr.org/2014/12/rethink-what-you-know-about-high-achieving-women.

England, Paula. 1979. "Women and Occupational Prestige: A Case of Vacuous Sex Equality." *Signs: Journal of Women in Culture and Society* 5 (2): 252–65.

England, Paula, Jonathan Bearak, Michelle J. Budig, and Melissa J. Hodges. 2016. "Do Highly Paid, Highly Skilled Women Experience the Largest Motherhood Penalty?" *American Sociological Review* 81 (6): 1161–89. https:// doi.org/10.1177/0003122416673598.

Erikson, Erik H. 1964. *Childhood and Society*. New York: Norton.

Evertsson, Marie, Daniela Grunow, and Silke Aisenbrey. 2016. "Work Interruptions and Young Women's Career Prospects in Germany, Sweden and the US." *Work, Employment and Society* 30 (2): 291–308.

Fehring, Heather, and Katherine Herring. 2012. "Voices from the Working Lives Project: The Push-Pull of Work and Care." *International Education Studies* 5 (6): 204–18. https://doi.org/10.5539/ies.v5n6p204.

Fox, Annie B. and Diane M. Quinn. 2015. "Pregnant Women at Work: The Role of Stigma in Predicting Women's Intended Exit from the Workforce." *Psychology of Women Quarterly* 39 (2): 226–42.

Fox, John, and Carole Suschnigg. 1989. "A Note on Gender and the Prestige of Occupations." *Canadian Journal of Sociology/Cahiers Canadiens de Sociologie* 14 (3): 353–60.

Freedman, Marc. 2006. "The Social-Purpose Encore Career: Baby Boomers, Civic Engagement, and the Next Stage of Work." *Generations* (San Fran-

the Complexities of Women's Career Transitions." *Career Development International* 12 (3): 218–37. https://doi.org/10.1108/13620430710745872.

Carré, Françoise, and Chris Tilly. 1998. "Part-Time and Temporary Work." *Dollars and Sense*, January 1998. www.dollarsandsense.org/archives/1998/0198carre.html.

Catalyst. 2018. "Quick Take: Women in the Workforce: United States." March 28. www.catalyst.org/knowledge/women-workforce-united-states.

Cha, Youngjoo. 2010. "Reinforcing Separate Spheres: The Effect of Spousal Overwork on Men's and Women's Employment in Dual-Earner Households." *American Sociological Review* 75 (2): 303–29.

Cha, Youngjoo. 2013. "Overwork and the Persistence of Gender Segregation in Occupations." *Gender and Society* 27 (2): 158–84.

Cha, Youngjoo, and Kim A. Theeden. 2014. "Overwork and the Slow Convergence in the Gender Gap in Wages." *American Sociological Review* 79 (3): 457–84. https://doi.org/10.1177/0003122414528936.

Chaker, Anne Marie, and Hilary Stout. 2004. "After Years Off, Women Struggle to Revive Careers." *Wall Street Journal*, May 6. www.wsj.com/articles/SB108379813440903335.

Chao, Elaine, and Philip Rones. 2007. "Women in the Labor Force: A Databook." Bureau of Labor Statistics. www.bls.gov/opub/reports/womens-databook/archive/women-in-the-labor-force-a-databook-2014.pdf.

Clawson, Dan, and Naomi Gerstel. 2014. *Unequal Time: Gender, Class, and Family in Employment Schedules*. New York: Russell Sage Foundation.

Cohen, Carol Fishman. 2012. "The 40-Year-Old Intern." *Harvard Business Review*, November. https://hbr.org/2012/11/the-40-year-old-intern.

Cohen, Carol Fishman, and Vivian Steir Rabin. 2007. *Back on the Career Track: A Guide for Stay-at-Home Moms Who Want to Return to Work*. New York: Warner Business Books.

Cooper, Marianne. 2014. *Cut Adrift: Families in Insecure Times*. Berkeley: University of California Press.

https:// doi.org/10.1257/app.2.3.228.

Blair-Loy, Mary. 2003. *Competing Devotions: Career and Family among Women Executives*. Cambridge, MA: Harvard University Press.

Blau, Peter M., and Otis Dudley Duncan. 1967. *The American Occupational Structure*. New York: John Wiley.

Bose, Christine E., and Peter H. Rossi. 1983. "Gender and Jobs: Prestige Standings of Occupations as Affected by Gender." *American Sociological Review* 48 (3): 316–30.

Boushey, Heather. 2005. "Are Women Opting Out? Debunking the Myth." Center for Economic and Policy Research Briefing Paper, November. http://cepr.net/documents/publications/opt_out_2005_11_2.pdf.

Boushey, Heather. 2008. "'Opting Out?' The Effect of Children on Women's Employment in the United States." *Feminist Economics* 14 (1): 1–36. https://doi.org/10.1080/13545700701716672.

Bracha, Anat, and Mary A. Burke. 2016. "Who Counts as Employed? Informal Work, Employment Status, and Labor Market Slack." SSRN Scholarly Paper ID 2935535, Social Science Research Network, Rochester, NY. https://papers.ssrn.com/abstract=2935535.

Bruegel, Irene. 1979. "Women as a Reserve Army of Labour: A Note on Recent British Experience." *Feminist Review*, no. 3: 12–23. https://doi.org/10.2307/1394707.

Buchmann, Claudia, and Anne McDaniel. 2016. "Motherhood and the Wages of Women in Professional Occupations." *Russell Sage Foundation Journal* 2 (4):128–50. https://doi.org/10.7758/RSF.2016.2.4.05.

Cabrera, Elizabeth F. 2007. "Opting Out and Opting In: Understanding the Complexities of Women's Career Transitions." *Career Development International* 12 (3): 218–37.

Cabrera, Elizabeth F. 2009. "Protean Organizations: Reshaping Work and Careers to Retain Female Talent." *Career Development International* 14 (2): 186–201. https://doi.org/10.1108/13620430910950773.

Cabrera, Elizabeth F. 2013. "Opting Out and Opting In: Understanding

參考文獻

AAMC (American Association of Medical Colleges). 2016. "The State of Women in Academic Medicine: The Pipeline and Pathways to Leadership, 2015–2016." https://www.aamc.org/members/gwims/statistics/.

ABA (American Bar Association). 2017. "A Current Glance at Women in the Law." January. https://www.americanbar.org/content/dam/aba/marketing/women/current_glance_statistics_january2017.authcheckdam.pdf.

Amott, Teresa L., and Julie A. Matthaei. 1996. *Race, Gender, and Work: A Multi- cultural Economic History of Women in the United States*. Boston: South End Press.

Arnalds, Ásdís A., Guðný Björk Eydal, and Ingólfur V. Gíslason. 2013. "Equal Rights to Paid Parental Leave and Caring Fathers: The Case of Iceland." *Icelandic Review of Politics and Administration* 9 (2): 323–44.

Bateson, Mary Catherine. 1989. *Composing a Life*. Harvard East Asian Monograph No. 142. New York: Atlantic Monthly Press.

Belkin, Lisa. 2003. "The Opt-Out Revolution." *New York Times*, October 26. https://www.nytimes.com/2003/10/26/magazine/the-opt-out-revolution.html.

Bennetts, Leslie. 2007. *The Feminine Mistake: Are We Giving Up Too Much?* New York: Voice/Hyperion.

Bergmann, Barbara R. 1974. "Occupational Segregation, Wages and Profits When Employers Discriminate by Race or Sex." *Eastern Economic Journal* 1 (2): 103–10.

Bertrand, Marianne, Claudia Goldin, and Lawrence F. Katz. 2010. "Dynamics of the Gender Gap for Young Professionals in the Financial and Corporate Sectors." *American Economic Journal: Applied Economics* 2 (3): 228–55.

國家圖書館出版品預行編目 (CIP) 資料

菁英媽媽想上班：美國頂尖名校女性重返職場的特權與矛盾 / 帕梅拉．史東（Pamela Stone）、梅格．拉芙蕎（Meg Lovejoy）著；許雅淑、李宗義譯．
初版，臺北市：游擊文化股份有限公司，2022.05
288 面；148.8*21 公分（Misfits 20）
譯自：Opting back in : what really happens when mothers go back to work
ISBN 978-626-95730-2-8（平裝）
1.CST：勞工就業 2.CST：女性勞動者

556.8 111003825

Misfits 20

菁英媽媽想上班

美國頂尖名校女性重返職場的特權與矛盾

Opting Back In: What Really Happens When Mothers Go Back to Work

作　　者｜帕梅拉．史東（Pamela Stone）、梅格．拉芙蕎（Meg Lovejoy）
譯　　者｜許雅淑、李宗義
責任編輯｜李晏甄
封面設計｜井十二設計研究室
內文排版｜立全電腦印前排版有限公司
印　　刷｜漢藝有限公司
初版一刷｜2022年5月
定　　價｜400元
I S B N｜978-626-95730-2-8

出 版 者｜游擊文化股份有限公司
網　　站｜https://guerrillalibrary.wordpress.com
電　　郵｜guerrilla.service@gmail.com

游擊文化臉書

本書如有破損、缺頁或裝訂錯誤，請聯繫總經銷。
總 經 銷｜前衛出版社＆草根出版公司
地　　址｜104臺北市中山區農安街153號4樓之3
電　　話｜(02)2586-5708
傳　　真｜(02)2586-3758